平台解决方案个性化
对顾客满意度的影响机制研究

Research on the Influence Mechanism of
Platform Solution Personalization on Customer Satisfaction

张 璐⊙著

清華大学出版社
北 京

内 容 简 介

为弥补现有个性化研究的不足,本书从价值共创和价值共毁、信号理论和心理契约理论视角,对不同维度平台解决方案个性化对顾客满意度的"双刃剑"影响机制进行了深入剖析。其中,顾客心理所有权和顾客数据脆弱性作为中介变量。同时,平台解决方案个性化与顾客满意度之间的直接效应或者中介效应不同程度地受到消费者地区异质性(城市政商关系亲近和城市政商关系清白)、平台顾客旅程设计(接触点情境敏感性)以及平台关系治理的调节。据此结论,为平台企业更有效地提供个性化解决方案作出有益的理论指导和决策支持。

本书适合作为国内各高等院校本科生、硕士研究生和博士研究生"个性化"相关研究的教材。通过本书,学员可以学习个性化研究中的有关理论和研究方法,有助于提高个性化情境下的研究设计及其实践应用能力。

图书在版编目(CIP)数据

平台解决方案个性化对顾客满意度的影响机制研究/张璐著. —北京:清华大学出版社,2024.3(清华汇智文库)

ISBN 978-7-302-65661-6

Ⅰ. ①平… Ⅱ. ①张… Ⅲ. ①顾客满意度 – 研究 Ⅳ. ①F719

中国国家版本馆 CIP 数据核字(2024)第 048252 号

责任编辑:朱晓瑞
封面设计:汉风唐韵
责任校对:王荣静
责任印制:杨 艳

出版发行:清华大学出版社
          网 址:https://www.tup.com.cn,https://www.wqxuetang.com
          地 址:北京清华大学学研大厦 A 座   邮 编:100084
          社 总 机:010-83470000   邮 购:010-62786544
          投稿与读者服务:010-62776969,c-service@tup.tsinghua.edu.cn
          质 量 反 馈:010-62772015,zhiliang@tup.tsinghua.edu.cn
印 装 者:三河市春园印刷有限公司
经 销:全国新华书店
开 本:170mm×230mm   印张:13   插页:1   字 数:193 千字
版 次:2024 年 5 月第 1 版   印 次:2024 年 5 月第 1 次印刷
定 价:98.00 元

产品编号:103392-01

本书受中国传媒大学中央高校基本科研业务费专项资金资助。项目名称：智媒时代下数字文化精准国际传播的价值创造机理及提升策略研究（CUC230B052）。

随着客户个性化需求的提高和人工智能等新技术的进步，个性化作为一种重要的商业策略越来越受到学界和业界的关注。然而，实施个性化的同时也会给企业带来诸多挑战，如顾客的隐私问题所涉及的消极反应。

本书立足于企业管理实践中面临的个性化和隐私悖论（personalization-privacy paradox），通过构建平台解决方案个性化对顾客满意度的影响机制框架，深入剖析了个性化过程中价值创造的"双刃剑"效应以及潜在的边界条件，对平台企业更有效地提供解决方案给予一定的决策参考。

本书在撰写过程中，无论是选题、研究问题的确定，还是研究设计、理论框架的构建，都得到了我的博士生导师王永贵教授的精心指导。没有他的指点，本书是无法顺利完成的。借此机会，向王永贵教授表示最诚挚的感谢。当然，本书的出版也离不开清华大学出版社领导和编辑的支持与努力，在此一并感谢。

虽然本人花费了极大的精力，但受限于自己的现有水平，本书难免存在不当之处，在此也希望广大读者和同行赐予宝贵意见和建议，以便再版时及时更新改进。

张 璐

2023 年 8 月

C 目录
ontents

第1章
引　言

1.1　研　究　背　景

1.1.1　现实背景

1. 解决方案个性化是企业实施营销策略的必然趋势

客户个性化（personalization）需求的提高和人工智能、大数据分析等信息技术的进步导致个性化成为一种重要的商业策略。公司正在利用数字转型重新设计它们的业务，以满足数字平台上客户接触的所有接触点（Kalia et al., 2021）。数字客户端提供了一个统一的客户信息资源，包括他们的偏好、行为和过去的购买行为。技术有助于捕获客户生成的大量非结构化抑或是结构化的行为以及交易数据（Erevelles et al., 2016）。它还提供个性化的店内体验、易于集成的统一数据和渠道参与，这将帮助公司获得更好的客户响应和客户保留。它通过使用实时数据方法提供基于个性化信息的独特客户体验（Jain et al., 2021）。以超个性化（hyper-personalization）的方式重新构建客户购物体验非常重要。毕马威（2018）通过使用大数据的专业服务发现，超个性化是良好客户体验和客户服务的关键支柱（Jain et al.，2021）。Zaino（2018）认为，客户通过与他们的数字客户端积极互动获得超个性化的产品选项。使用数字客户端时，转换为销售的可能性很大。

在许多行业中，越来越多的供应商通过提供解决方案来应对全球化市场中更高的客户需求和日益激烈的竞争，从而寻求差异化（Jaakkola et al.，2013；Suarez et al.，2013）。不少供应商给自己定位，传达了通过以整体方式提供定制和集成的产品与服务组合支持客户的承诺（Evanschitzky et al.，2011；Tuli et al.，2007；Ulaga et al.，2011）。Zimmer 等（2020）表明，客户更喜欢从解决方案提供商那里购买基于产品的组件，因为这被认为会带来更低的风险。解决方案是商品和服务的定制组合，被设计为沿着客户业务流程的端到端产品（Tuli et al.，2007；Worm et al.，2017），即"完成组织目标的相关工作任务的顺序"（Srivastava et al.，1999）。解决方案成功的关键是在设计、部署和使用解决方案的过程中有效整合提供商和客户的资源与流程（Evanschitzky et al.，2011；Macdonald et al.，2016）。与产品销售相比，解决方案销售需要更注重与说服相关的共同创造、更模糊的解决方案规格、更高的网络复杂性和更强的关系导向（Siahtiri et al.，2020；Ulaga et al.，2014）。

提供有效、量身定制的服务解决方案来解决复杂、变化的客户问题，对于在竞争激烈的知识密集型商业服务市场中取得成功至关重要（Cabigiosu et al.，2019；Siahtiri et al.，2020）。粉笔职教和中公教育等在线教育平台一对一课程的兴起是知识密集型服务企业满足顾客个性化需求的解决方案的典型案例。

2. 实施个性化为企业带来的挑战

当前大数据分析的激增使公司能够将客户的在线足迹（如浏览和购买数据）转化为有价值的内容（如一对一的个性化营销），从而改善客户体验并提高转化率（Martin et al.，2017）。个性化和隐私悖论是指公司对消费者信息的需求和消费者对隐私的需求之间的持续紧张关系（Cloarec，2020）。隐私问题被广泛认为是评估个人对其信息安全的信念和看法的理想代理（Dinev et al.，

2006）。客户的隐私问题通常源于从公司收集的大量客户数据，特别是与未经客户同意和第三方共享数据、跟踪他们的在线足迹等违反个人数据安全的行为有关（Bao et al.，2017；Ni et al.，2015）。考虑到隐私问题涉及对风险和机会主义行为的感知（Dinev et al.，2006；Zeng et al.，2022），许多研究表明隐私问题会导致反应者的认知和行为（例如，低交易意图、低信任、拒绝自我披露和对个性化广告的抵制）（Tucker，2014）。因此，在实践中，平台解决方案个性化是一把"双刃剑"，需要进一步深入分析和探讨。

3. 顾客旅程设计和关系治理是解决个性化和隐私悖论的途径

如上所述，平台企业实施解决方案会面临个性化和隐私悖论。而解决方案个性化是一个动态迭代的过程，加上客户通过多种渠道和媒介的无数接触点与企业互动，导致顾客体验会经历更复杂的顾客旅程（customer journey）。创建、管理和尝试控制每个客户的体验旅程变得越来越复杂，对于解决方案个性化更是如此（Edelman et al.，2015；Lemon et al.，2016）。顾客体验是一个具有多个维度的构念，关注他/她在整个顾客旅程中对平台企业解决方案的感官（sensorial）、情感（emotional）、认知（cognitive）、行为（behavioral）和社会反应（social responses）。因此，客户参与是整体客户体验（total customer experience）的一部分，并以某种表现形式构成顾客旅程中的特定接触点（touch points）。Kuehnl 等（2019）假设，在客户旅程中通过多个接触点生活的可行性或便利性构成了任何客户体验的关键方面。公司需要识别不同的顾客接触点并影响关键接触点，提升顾客体验。

苹果、亚马逊、宝马、宜家和奈斯派索（Nespresso）是致力于有效顾客旅程设计的著名品牌，它们在顾客旅程中为顾客提供的所有接触点都认真应用了设计原则（Maechler et al.，2016）。在当今数字化丰富的市场中，接触点的扩散使管理客户体验变得越来越复杂，如果管理不当，可能会对品牌关系产生负面影响（Lemon et al.，2016）。因此，许多从业者在整个顾客旅程中尽可能地管理和设计接触点。例如，埃森哲、国际商业机器公司和麦肯锡等公司大量投资于结合设计思维、营销和数据分析的能力，以规划整个顾客旅程（《经济学人》，2015）。有效的顾客旅程设计和品牌体验通过品牌态度直接与间接影响客户忠诚度。同时，相关文献表明，关系治理可以降低与不确定性和交易特定投资相关的交易风险和协调双方关系（Dyer et al., 1998；Heide et al., 1992；Uzzi，1997）。因此，本书提出平台企业与顾客之间的关系治理，也有助于有效处理解决方案中存在的个性化和隐私悖论。

1.1.2　理论背景

1. 个性化的主要研究

通过对文献回顾与梳理发现，个性化研究对象涉猎范围越来越广，不再仅仅局限于传统意义上的产品或服务定制。个性化不再单单是一个结果，更重要的是作为一个交互且持续迭代的过程，需要满足顾客旅程中消费者独特的多样需求。这一过程仅靠企业是无法实现的，需要营销人员以无缝的方式连接所有渠道和设备与顾客进行互动，实时把握顾客的需求变化，提高个性化技术预测的准确性，促使企业"在正确的时间、正确的情境、以正确的形式向正确的人提供正确的'个性化内容'"。最新的个性化研究更加突出了技术、情境、顾客参与共创等。但是，个性化的"双刃剑"作用有待进一步挖掘，并且对影响解决方案个性化的情境因素分析相对不足，未来需要在这些方面进行更多的探索与论证。

2. 个性化和隐私悖论的主要研究

个性化和隐私悖论得到了多学科学者的重点关注，但相关研究仍然有限并且对两者之间的关系也存在争议。例如，多数学者认为个性化会造成隐私担忧或感知风险；也有学者指出个性化对隐私担忧和披露个人信息的意图没有影响（Lee et al.，2011；Oghazi et al.，2020）。因此，需要进一步深入分析探讨两者之间可能存在的作用关系，特别是考虑到情境因素。其中，结果变量大多集中于顾客购买/点击/揭露意愿；隐私的表现形式以隐私担忧和感知隐私侵犯为主；企业解决个性化和隐私悖论主要是通过隐私政策、隐私控制、个性化声明和透明度等。

综上所述，现有文献对平台解决方案个性化的关注明显不足，主要存在着以下的研究差距：①虽然有一些学者对个性化进行了研究，但是研究对象比较集中于营销组合单一方面（产品、服务、价格和促销等），而对平台解决方案个性化的关注较少，缺乏平台解决方案个性化相关的定性研究和定量研究。事实上，平台解决方案个性化研究和一般个性化研究有所不同，前者更加侧重顾客旅程中企业与顾客互动、顾客参与共创等，这也决定了平台解决方案个性化的研究势必拥有与一般个性化所不同的规律。②尽管有学者对个性化与顾客购买或揭露意愿等结果变量进行了探讨，但未曾有学者在顾客完整体验平台解决方案个性化后对其满意度等顾客评价的影响机制进行研究，其中，关注个性化和隐私悖论的研究更是凤毛麟角。在此研究背景下，本书关于平台解决方案个性化对顾客满意度的影响机制探讨则具有十分重要的研究价值。

1.2　研究问题的提出与研究意义

1.2.1　研究问题的提出

在上述现实背景与研究价值的基础上，平台解决方案个性化对顾客满意度的影响机制究竟如何？是价值共创（value co-creation）抑或价值共毁（value co-destruction）？个性化和隐私悖论的具体表现形式是什么？哪些情境因素可能加强或减弱平台解决方案个性化对顾客满意度的影响作用？接下来本研究会围绕这些核心问题展开。鉴于数据的易获取性，本研究主要立足于消费者的角度，拟对在线教育平台解决方案个性化对顾客满意度的潜在影响机理展开探讨。

其具体情况如下。

本书以在线教育平台解决方案个性化为研究对象，拟将顾客心理所有权和顾客数据脆弱性作为两条中介路径，对结果变量顾客满意度的影响机制展开分析。首先，基于价值共创视角，本书探讨了顾客心理所有权在解决方案个性化与顾客满意度之间起中介作用。其次，基于价值共毁视角，本书进一步引入顾客数据脆弱性分析解决方案个性化与顾客满意度之间的中介关系。现有研究对于个性化与隐私之间的关系尚未得到统一的答案，即使已经得到检验的也是两者之间简单的线性关系。基于此，本研究认为有必要对平台解决方案个性化进行维度划分，进而分别探讨不同维度个性化对顾客满意度的影响，研究发现有助于细粒度地刻画平台解决方案个性化对顾客满意度的作用机理。

综上所述，本书的研究问题是：①平台解决方案个性化（设计个性化和部署个性化）对顾客满意度的"双刃剑"影响机制是什么？②从消费者异质性、平台设计和平台治理的视角出发，哪些关键的情境因素将对上述"双刃剑"效应发挥边界作用？即哪些情境因素有可能提升解决方案个性化的价值共创，减弱价值共毁，最终提升顾客满意度？

1.2.2　研究意义

1. 现实意义

在数字经济时代，一系列因素的综合作用，包括先进的新兴技术、更大的数据可用性，以及要求广泛和便利客户体验的数字原生消费者（Kahn et al.，2018；Pantano et al.，2018），给消费者和企业之间的互动带来了持续与根本性的变化（Larivière et al.，2017；Riegger et al.，2021）。创新解决方案在全渠道环境中尤其重要，这种环境提供了大量信息，迫使消费者将注意力集中在那些看起来与个人相关的内容上（Grewal et al.，2017）。消费者也开始欣赏网上购物的个性化体验（Boudet et al.，2019）。加之 2019 年底疫情蔓延全球，在线教育展示出指数级增长趋向。在线教育产品尤其是一对一线上课程使用户多元化、个性化需求得到充分释放，让教师和学生能够突破时空限制，实时、持续地进行互动。在线教育平台为顾客提供个性化解决方案，是基于对消费者隐私信息的收集、利用和分析，缺乏对消费者隐私信息的掌握，就无法满足消费者的个性化需求，平台企业也就无利可图。但是，企业通过收集、存储、使用和传输共享消费者的隐私信息，不得不承担这些信息被泄露的风险。例如，2019 年，学而思在线学校之所以被工业和信息化部点名通报，是因为其没有披露详细的用户个人信息的收集、使用规则，也没有使用户知悉其可以进行信息查询和更正的具体渠道。无独有偶，2020 年 5 月 15 日、7 月 2 日、7 月 24 日、8 月 31 日，工业和信息化部发布了一系列通报名单，那些存在侵犯、危害顾客权益行为导致不良后果的 App 包括 TutorABC、小盒学生、洋葱学院、乐学高考、纳米盒等，涉及程度不同的"个人信息被私自收集"问题。在此实践背景下，本研究将对平台企业有效处理解决方案个性化所面临的两难困境、提升顾客满意度给予一定的借鉴与指导。

2. 理论意义

本书着重探讨了平台解决方案个性化对顾客满意度的作用机制，提出了以价值共创和价值共毁为理论基础的分析框架，揭示了平台解决方案个性化不同维度的"双刃剑"影响，弥补了现有个性化研究中的缺口。具体而言，首先，本书以平台解决方案个性化（平台解决方案设计个性化和部署个性化）为研究对象，延伸了现有个性化研究相关的理论范围。其次，基于价值共创视角，平台解决方案个性化通过促进顾客心理所有权感知提升顾客满意度。再次，基于价值共毁视角，平台解决方案个性化通过影响顾客数据脆弱性，从而降低顾客满意度，为推动在隐私方面的研究奠定了理论基础。最后，鉴于个性化的实证研究对消费者地区异质性和顾客旅程设计的忽视，本研究基于城市政商关系、顾客旅程设计并结合平台关系治理相关情境因素的分析，探讨了调节平台解决方案个性化与顾客满意度之间关系的中介研究模型。由于现有个性化的实证研究对平台解决方案关注极为有限，对此问题的深入探讨，可以为平台企业实施解决方案个性化提供丰富的理论指导。

1.3　研究内容与研究方法

1.3.1　研究内容

本书基于在线教育平台的研究情境，拟对平台解决方案个性化与顾客满意度之间的关系进行深入研究。展开来讲，研究内容如下。

（1）针对解决方案个性化相关研究不足，本书在文献回顾和消费者访谈的基础上，重点考虑了平台解决方案个性化的设计和部署维度，并深入探讨了不同平台解决方案个性化和顾客满意度的关系。本书率先融合价值共创和价值共毁视角，探讨了上述关系之间的双重中介机制，厘清了两者之间潜在的"双刃剑"效应。

（2）引入消费者地区异质性（城市政商关系亲近和城市政商关系清白）、平台顾客旅程设计（接触点情境敏感性）和平台关系治理情境因素，重点对平台解决方案个性化（设计个性化和部署个性化）与顾客满意度之间有调节的中介作用机理进行探讨。

具体而言，本书通过对个性化及解决方案的内涵进行回顾和总结，为定义平台解决方案个性化提供有效的理论支撑。同时，本书系统地对管理领域个性化和隐私悖论的研究现状进行了综述，为明确研究缺口提供了清晰的借鉴。进一步地，本书立足于中国国情，结合对商业实践和学术期刊的深入剖析，归纳提炼了关键的情境变量，并详细阐述了这些情境因素对平台解决方案个性化与顾客满意度之间关系的调节作用以及有调节的中介效应。

（3）本书对研究结论和有关启示进行了总结。

综上所述，总结本研究如图 1-1 所示的技术路线。

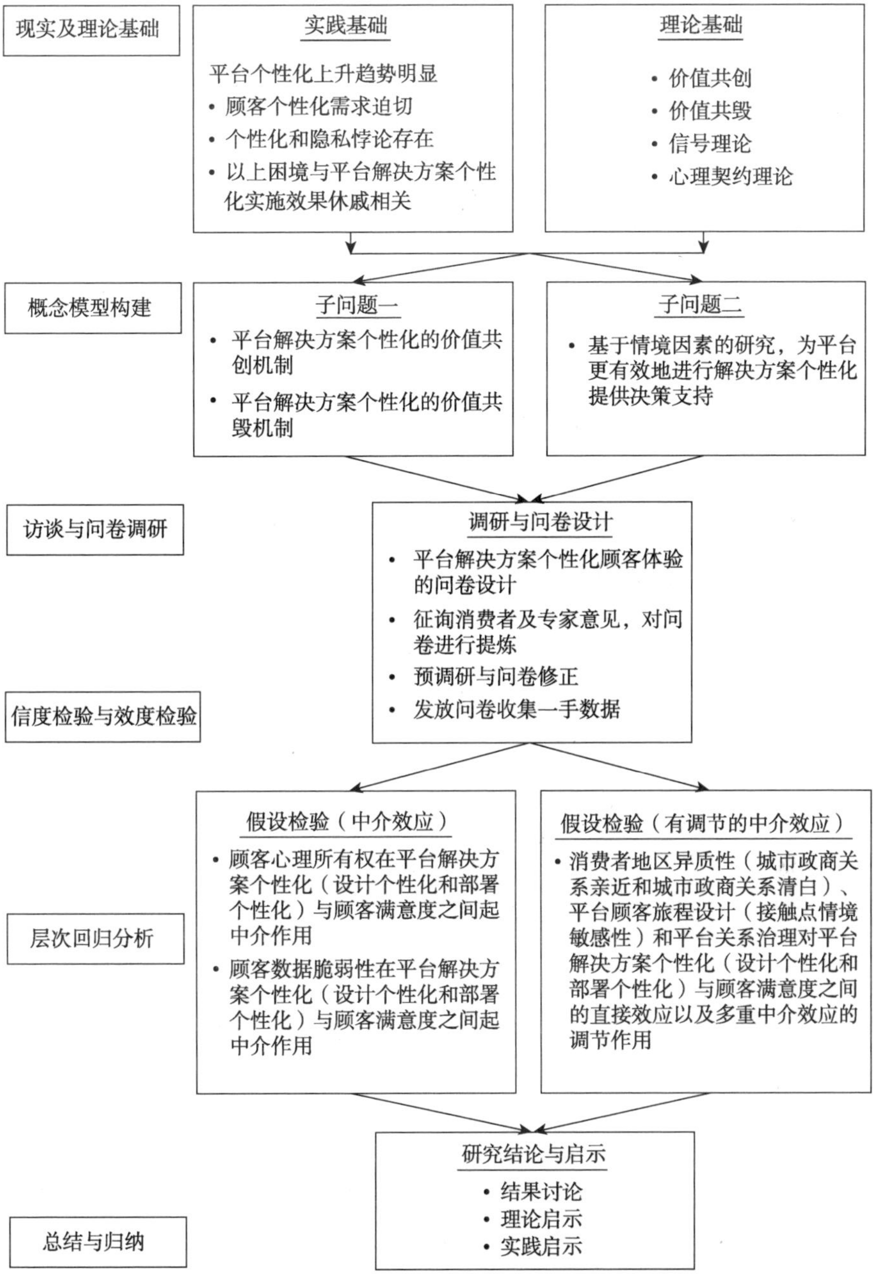

现实及理论基础	**实践基础** 平台个性化上升趋势明显 • 顾客个性化需求迫切 • 个性化和隐私悖论存在 • 以上困境与平台解决方案个性化实施效果休戚相关	**理论基础** • 价值共创 • 价值共毁 • 信号理论 • 心理契约理论
概念模型构建	**子问题一** • 平台解决方案个性化的价值共创机制 • 平台解决方案个性化的价值共毁机制	**子问题二** • 基于情境因素的研究，为平台更有效地进行解决方案个性化提供决策支持
访谈与问卷调研 信度检验与效度检验	**调研与问卷设计** • 平台解决方案个性化顾客体验的问卷设计 • 征询消费者及专家意见，对问卷进行提炼 • 预调研与问卷修正 • 发放问卷收集一手数据	
层次回归分析	**假设检验（中介效应）** • 顾客心理所有权在平台解决方案个性化（设计个性化和部署个性化）与顾客满意度之间起中介作用 • 顾客数据脆弱性在平台解决方案个性化（设计个性化和部署个性化）与顾客满意度之间起中介作用	**假设检验（有调节的中介效应）** • 消费者地区异质性（城市政商关系亲近和城市政商关系清白）、平台顾客旅程设计（接触点情境敏感性）和平台关系治理对平台解决方案个性化（设计个性化和部署个性化）与顾客满意度之间的直接效应以及多重中介效应的调节作用
总结与归纳	**研究结论与启示** • 结果讨论 • 理论启示 • 实践启示	

图 1-1　本研究的技术路线

1.3.2　研究方法

本书将结合定性和定量的研究方法，拟对概念模型中各构念之间的理论关系进行论证并检验，具体而言：

（1）作者基于对与本研究主题相关文献的详尽搜寻、脉络梳理、归纳和分析，寻找现有研究中重要的研究缺口，确保提炼出的研究问题具有实践和理论双重价值；然后在此基础上构建本研究的概念模型，并通过不断地迭代深入完善这一模型。

（2）利用访谈调查法，面向相关领域专家和小规模的样本企业相关人员与消费者进行访谈。其中，对企业相关人员与消费者的访谈，一方面是确定研究问题的实践价值，并根据双方的意见反馈对最初概念模型精雕细琢，以便更好地解决企业难点与消费者痛点；另一方面是为了优化问卷的设计与开发。在设计问卷之前，通过对上述相关人员的访谈确定问卷结构和形式，并对问卷进一步修订，保证最终版调研问卷更具实践性与科学性。

（3）凭借问卷调查法收集样本数据。具体的调研对象为有过在线教育平台个性化课程完整体验的消费者。进一步通过预调研对问卷进行修订后，完成对消费者的数据收集工作，接下来对数据进行预处理，然后，基于有效问卷与消费者地区的匹配数据对研究模型中的假设关系进行实证检验。此外，本书还将采用一系列定量研究方法：测量模型的拟合度经由 SmartPLS 检验，并进一步借助其对量表构念进行了信度和效度分析（涵盖聚合效度和区分效度）；借助SPSS 软件利用层次回归分析逐一对假设进行检验，厘清各个理论关系。

1.4　研究的创新点

本研究的创新点如下。

（1）从现有文献来看，学者对于平台解决方案个性化的研究相对匮乏，特别是在解决方案个性化的实证方面弱势明显。为了弥补这一缺口，本研究以在线教育平台为研究背景，从消费者视角剖析和验证了平台解决方案个性化对顾客满意度潜在的"双刃剑"影响机制。本研究结果将对个性化领域作出重要的理论补充和扩展。

（2）本书综合运用文献研究、访谈和问卷调研方法，拟对解决方案个性化可能为平台企业带来的机遇与挑战，依据有关理论基础和访谈结果挖掘最关键的实践问题并匹配相应研究构念，给予平台高价值的管理实践与理论指导。具体而言，本书创新性地从平台解决方案个性化面临的价值共创和价值共毁视角出发，对平台解决方案不同维度的个性化对顾客满意度产生的"双刃剑"影响机理进行探究。该研究综合两种理论视角并区分了平台企业不同解决方案个性化的困境，对现有个性化的研究缺口作出了有力补充。

（3）在平台解决方案个性化对顾客满意度"双刃剑"影响效应的基础上，为了进一步探讨如何帮助平台企业获得良好的顾客满意度，本书基于信号理论和心理契约理论，分别从消费者地区异质性、平台顾客旅程设计和关系治理的角度出发，对影响平台解决方案个性化与顾客满意度之间关系的关键调节变量进行了剖析。一方面，本书基于在线教育平台这一大的研究背景，通过对调节变量的阐述，明确了主效应的边界问题，深化了相关理论研究；另一方面，本书通过剖析"双刃剑"影响机制有调节的中介效应，对现有理论缺口进行了填充。

1.5　研究的逻辑结构

本研究共有 6 个章节，各自主要安排如下。

第 1 章引言。本章主要展示了本研究的现实背景和理论背景、研究问题、技术路线、创新点和逻辑结构。

第2章理论基础与文献综述。首先，对相关理论进行回顾，如价值共创、价值共毁、信号理论和心理契约理论，这一部分主要介绍上述理论对本研究的理论支撑和研究贡献。其次，检索国内外核心期刊，回顾个性化和隐私悖论相关文献并进行评述。在充分把握该领域研究现状和前沿进展的基础上，明确研究缺口，为进一步提出本研究概念框架奠定基础。

第3章概念模型与研究假设。在第2章的基础上，依据上述相关理论，本章提出了本书的研究框架，构建了平台解决方案个性化、顾客心理所有权、顾客数据脆弱性和顾客满意度、消费者地区异质性、平台顾客旅程设计、平台关系治理之间的路径模型，在此基础上明确了核心假设关系。

第4章研究方法。本章涵盖研究问卷设计、样本选择以及变量测量、预调研与正式调研（数据收集与特征统计）、测量模型的信度和效度检验、共同方法偏差和未反应偏差。

第5章数据处理与假设检验。本章明确了进行数据处理需要运用的统计方法，并对研究假设进行了详细的论证推理和科学的实证验证。根据层次回归分析结果，大部分研究假设获得了支持。

第6章结论与启示。本章主要对研究结论进行了总结、讨论，并对理论以及实践启示进行了详细的阐述。最后，本章提出研究局限，以及未来可继续深入探究、挖掘以及检验的课题方向。

第 2 章
理论基础与
文献综述

2.1　理　论　基　础

2.1.1　价值共创和价值共毁

1. 价值共创

"共创"（co-creation）最早由营销战略领域提出，即企业本当支持激发顾客与企业联合设计以及参与后续一系列的开发和生产活动，随后适用于价值创造相关领域。当前，价值共创及其内在含义存在三种学术视角：①顾客参与的共同生产视角（value co-production）。顾客参与企业的生产活动，从而与企业共同生产、创造价值。学者 Ramírez（1999）支持这一观点。②企业主导的价值共创视角。顾客时常作为价值共同创造中的一员。随着外部环境的快速发展变化，消费者在价值创造中的影响日益突出，企业从顾客角度出发，令其参与价值链的各个环节，从而与之共创新的价值。核心观点如 Vargo 等（2008）的服务主导逻辑（service-dominant logic），即价值的重心已从原先理解的交换价值转向使用价值（value-in-use）。价值通常仅由利益相关者来确定的。③顾客主导的价值共创视角。Grönroos（2008）明确了价值共创过程中主体地位的变化，不再是企业为顾客提供价值创造的机会，而是顾客为企业提供契机参与他们的价值创造活动，此时，顾客俨然是价值共创的主导者。企业通过积极参与并且直接对顾客价值创造产生影响以实现共同创造。Heinonen等（2010）以顾客主导逻辑（customer-dominant logic），与服务主导逻辑相区别，阐述了将重点从公司的业务流程转向以顾客为中心的顾客生活实践，即顾客将自身技能和其他可用资源与企业供应的服务或产品进行衔接。这些价值被理解为顾客的生活价值（value in life）或者说是他们所处的情境价值（value in context）。企业的目标转变为顾客如何使用产品或服务来实现他们自己的目标。企业生产销售活动的关键是顾客的消费场景、实践、体验和活动。

由上述三种观点可以得出，顾客参与的共同生产观，立足于生产领域，企业通过引导消费者助力其与生产相关的活动，生产出与消费者自身需求更为匹配的产品，实现双赢；企业或顾客主导的价值共创观，聚焦在消费领域，着重消费者主导，企业以价值主张或其他手段，使消费者在这一领域接受更优的价值体验。

到目前为止，国内外价值共创的研究聚焦于生产和消费两大领域。①生产领域覆盖制造业和服务业，且主要关注顾客参与等相关理论，即消费者作为生产者参与生产过程。价值通过企业有关生产的活动产生，企业作为价值创造者，只是将原本由企业内部人员完成的生产活动交给顾客，顾客仅仅作为价值共生者。因此，此领域的价值共创不符合其本质内涵，不能纳入研究范畴（Lanier et al.，2008）。②与之相对，消费领域的价值共创却名副其实，消费者发挥主体作用决定其自身的体验价值。研究囊括消费者自己单独创造价值、消费者与消费者互动共创价值以及消费者通过与企业互动共创价值。当前数字技术的进步为平台价值共创提供了新的研究机会。Schiavone等（2021）探讨了意大利数字创业公司Saluber（为非紧急医疗运输提供拼车服务）的案例，研究结果显示，共享经济平台作为核心中介（central mediator），通过提供一系列不同的服务价值驱动因素、单一层面的效益和社区层面的效益成果，为各种类型的利益相关者创造、传递和获取价值。Ramaswamy 和 Ozcan（2018）提出了数字化交互平台（digitalized interactive platform），用以描述价值的创造通过参与者（通常是消费者及其相关的社会网络）与组织参与者（通常是企业及其相关的组织生态系统）在交互系统-环境的联合空间中进行交互来持续进行，代表例子是 Apple Watch Nike Plus 提供的服务，消费者通过混合使用应用程序和接触点，共同创造有价值的体验结果。Zhang 等（2021）探讨了合作广告背景下的斯塔克尔伯格（Stackelberg）博弈，无论是平台还是联盟中支持广告的参与者，都会促使所有玩家获得帕累托改进；但增加的利润将主要被主导平台所占据，而利润分享激励机制可以促进联盟可持续地共同创造价值；博弈说明了合作关系共同创造更大总价值的意义，以及战略联盟中存在不平等的双赢关系；动态合作涉及部分趋同的利益结构，并受到权力不对称的影响；结果强调了价值创造和获取的张力与和谐之间的平衡。Mathwick 和 Mosteller（2017）以亚马逊的顶级评论者社区使用公开的排名系统来激励、认可和影响评论者的行为为研究背景，区分了三种评论者——冷漠的独立评论者（IIs）、寻求挑战者（CSs）和社区合作者（CCs）的利他动机以及与等级和心理需求满足相关的利己动机：IIs 通过使用平台自我表达来满足自主需求，排名的影响力很小；CSs 将排名看作一个需要掌握的游戏；CCs 完全整合了排名系统，认为评论是一种令人愉快、社会嵌入的体验。Yu 等（2019）以服务交付平台（SDP）的概念作为智慧城市建设的关键贡献者来解释在平台的形成和演进过程中如何共创价值，即借鉴广州企业微信平台和上海政府平台案例材料，在此过程中确定三个要素（定义为价值主张、交换价值和使用价值），由不同 SDP 上的 10 个子要素组成，涵盖 4 个维度，即开放性、服务创新、治理和资源；通过提供公共服务创新支持提出一些针对当地环境共创价值的操作方法，对智慧城市具有重要的理论和实践意义。Shirazi 等（2021）基于社会技术理论，强调了在线医疗保健社区（OHCs）作为点对点共创平台的重要作用，探讨了影响医疗使用者共同创造价值意愿的社会技术因素：基于对 Facebook 上十大医疗保健页面的分析发现，社会支持及其前因（即感知隐私风险和社交媒体互动）、政府 IT（信息技术）基础设施和感知信息控制是预测 OHCs 价值共创意愿的关键前因，而社会支持预测能力最强。Gligor

等（2021）通过对 B2B（指电子商务中企业对企业的交易方式）和 B2C（指电子商务中企业对消费者的交易方式）两类客户进行区分，验证了价值共创倒 U 形影响顾客满意度，即两者之间的关系先正后负。此外，客户流程享受和专业知识仅仅减弱了 B2C 客户的这种关系，为减小终端客户过度共创产生的负面影响提供了借鉴；研究还强调了共创价值与客户预期和共创经验水平相"匹配"的重要性，发现对于两类客户，正错配（即过度共创）对客户满意度的负面影响比负错配（即共创不足）更强。

2. 价值共毁

1）概念界定

价值通常被描述为收益和成本比较的结果（Ramírez, 1999），因此至少有三种可能的价值，即收益大于成本、等于成本、小于成本。然而，在服务主导逻辑和价值共创思想的指导下，大多数研究只关注价值创造的积极面。例如，Vargo 和 Lusch（2008）将系统福祉的改善以及提升界定为价值，强调适应环境的能力抑或是对环境的适应性。因价值定义偏向积极一面，学者们看待价值形成的过程更为侧重价值共创。

虽然主流的研究焦点在于价值共创，但学术界也发出了异样声音。Dong 等（2008）表示，现有研究忽视了共创过程失败或错误可能带来的负面影响。Jaworski 等（2006）认为，也会存在某些情境（对顾客和企业双方来说并非最佳选择），此时价值共创的结果可能事与愿违造成消极后果，企业反而并不被鼓励参与顾客的价值共创过程。Järvi 等（2020）探索了客户和供应商之间的脚本错位如何导致双方在二元中感知到价值共同破坏：研究发现酒店服务环境中存在不同的价值共毁前因（源自供应商：情境僵化，无法服务，营销沟通不连贯；源自顾客：期望过高，行为不当，沟通不足），并最终导致双方不同的难以预料的价值共毁结果。Makkonen 和 Olkkonen（2017）构建了一个组织间关系中互动价值形成的框架：该框架将互动价值形成描述为资源整合和多层次服务系统之间的相互作用，其产生的结果是，参与者对所获得的价值有利（共同创造）、不利（共同破坏），或者没有发挥作用。Sthapit 等（2020）也在旅游住宿服务情境下通过对 TripAdvisor 客户的内容分析，进一步印证了 Makkonen 和 Olkkonen（2017）的结果，即通过互动价值形成三种类型的价值结果——价值共同创造、价值共同破坏和价值不创造。

Plé 等（2010）率先将价值共毁定义为服务系统间交互过程导致至少一方（个人或者组织）福祉的下降，并且既然价值能够被共创，那么它的存在也是与现实逻辑相符合的。随后学者陆续开始关注这一领域。Lefebvre 等（2011）在 Plé 等的研究的基础上将价值共毁含义覆盖到 B2B 研究领域，他们赋予价值共毁新的定义，突出强调了行为者在网络环境中直接或间接互动过程的资源整合和应用，导致至少一个焦点行为者及其网络福祉的下降，整个网络中不同行为者承担价值共毁的后果是不尽相同的，这与具体行为者对网络环境的适应能力有关。Plé 和 Demangeot（2020）也通过社会传染研究进一步扩展了先前的观点，他们发现行为人线上（线下）越轨行为会引起聚集性的社会传染以及进一步的行为适应，传染过程中因行为者之间未能够共享制度安排而产生的不同价值感知，可能造成价值共同创造和价值共同毁灭。Vafeas 等（2016）聚焦于明晰价值共毁这一术语的真正内涵，研究视角则不是他们的侧重点。他们认为价值减少（value diminution）一词比价值共毁一词更贴切它的内涵，因为互动和资源整合过程带来的次最优价值仍然能够提升系统行为者的福祉（包括服务提供者和顾客），而共毁强调的损失无法挽回，在概念上更为狭窄，也存在一些误导。因此，他们将价值减少作为一种次最优价值进行定义，而这种次最优的结果往往是一个或多个行为者互动中的资源不足或资源滥用（misuse of resources）而导致的，身在其中的所有行为者多多少少都会因价值减少而受害。综上所述，有关价值共毁的相关研究还处于萌芽阶段，因此，它的内涵和定义还没有形成定论。

2）内在机制

价值共毁内在机制以"资源"和"流程"这两个关键词为核心。资源滥用是根本原因，行为者未能以其他行为者认为"适当的"或"预期的"方式来整合或使用现有的操作性资源和目标性资源。这导致了资源滥用造成的价值损坏（value destruction-through-misuse）（Lefebvre et al., 2011）。而资源滥用源自偶然抑或故意。偶然滥用指行为者非故意的行为而造成结果与彼此期望不一致。故意滥用指通过损害其他行为者的福祉和适应能力来增强行为者自身的福祉和适应能力。Smith（2013）从顾客角度探究组织滥用顾客资源所造成的价值共毁。他指出在共创价值失败情境下，顾客将失去物质资源、自我效能感、自尊等。此外，资源虽使用正确但共毁的情形也会发生。因此，基于资源错误整合触发价值共毁过程，Laud 等（2019）确定了资源整合错误的十种不同表现形式：①缺乏资源整合（lack of resources to integrate），至少一个互动参与者无法获得资源或者相信此类资源；②被阻止获得资源整合（blocked access to integrate resources），至少一个交互行为者故意限制或阻止资源整合、在获取资源方面故意错误整合；③不愿意进行资源整合（unwillingness to integrate resources），至少一个互动行为者故意扣留或撤回资源；④对如何整合资源误解（misunderstanding of how to integrate resources），无法理解如何通过至少一个交互参与者正确地集成资源；⑤在如何整合资源上存在分歧（disagreement on how to integrate resources），未能就至少两个相互作用的参与者如何最好地整合资源达成一致；⑥欺骗性的资源整合（deceptive integration of resources），至少一个相互作用的行动者对资源整合故意隐瞒或歪曲；⑦疏于资源整合（negligent integration of resources），至少一个相互作用的参与者在整合资源时故意疏忽和/或粗心；⑧无法整合资源或者能力不足（incapacity to integrate resources），被至少一个交互的参与者取消整合资源的资格；⑨资源过度整合（excessive integration of resources），至少一个交互参与者对资源极端应用；⑩强制整合资源（coercive integration of resources），至少一个交互参与者非自愿、强制或受限制地整合资源。Land 等的多角度剖析为服务系统中的一个或多个参与者提供了潜在负面福祉的证据或早期预警信号，并且指导受到影响的相关行为者如何使用主动和被动的应对策略与支持资源来防止风险资本释放或恢复福祉。总体而言，焦点行为者互动时的资源滥用或流程对接失调会导致价值共毁。

3）价值共毁的相关文献综述

本书对现有价值共毁研究进行回顾与梳理，分别从以下几个方面对其进行评述。

（1）价值共毁的研究情境涉及 B2C/C2C（指电子商务中消费者对消费者的交易方式），也涉及较少的 B2B。在 B2C 或 C2C 情境中，研究重点放在引起价值共毁的主体上：究竟是组织或其员工，还是顾客对资源的滥用或错配所造成的价值共毁问题。如 Dolan 等（2019）揭示了游客在社交媒体上抱怨的分歧和互动性质，以及充分的组织回应对于促进价值共同创造或避免共同破坏的重要性。Plé（2016）对服务员工整合顾客资源的研究中：首先，确定了 12 个客户资源的列表，服务员工可以在共同创建过程中将其与自己的资源相集成；其次，揭示了在与客户直接互动时，员工可能会错误整合或不整合客户资源。因此，资源整合过程不一定导致价值共同创造，也可能导致价值共同毁灭。Wang 等（2019）从宏观社会的角度来看，认为价值共毁可能意味着生产者对"消费者"的剥削感和消费者对"生产者"的控制需要，阻碍了和谐的价值形成；该研究将行动者与行动者之间的互动放大，发现合作关系是价值形成中不确定性的来源；而服务知识强度的差异又使这种不确定性变得更加复杂；最后展示了消费者参与价值共毁的异质性及其感知和行为的复杂性。相比之下，针对 B2B 情境下价值共毁的关注有限，无论是二元互动还是多元互动。如 Pathak、Ashok 和 Tan（2020）调查了 B2B 环境中的价值共同破坏，并考察了行为者的机会主义行为对价值共同创造的影响：从生态系统的角度来看，行动者的能力（资源和感知价值）、供应商实现战略利益的方法和渠道治理机制能够共同创造价值；然而，从交易成本理论的视角，行为者机会主义行为、技术中断和新的商业模式挑战导致价值的共同毁灭（以关系终止、冲突和商业清算的形式）。

（2）价值共毁的影响因素。互动中不同的行为主体及其生态系统对价值形成过程发挥着重要作用。①行为主体自身的特征对价值共毁产生影响，如企业的可信度、语言使用的复杂性和提供环境（Baker et al.，2019）、机会主义行为（Pathak et al.，2020）、对顾客的反馈或回应（Camilleri et al.，2017），员工的报复行为（Frey-Crodes et al.，2020）、提供服务的能力（Sthapit.，2019），顾客的角色意识（Čaić et al.，2018）、能力（资源和价值感知）（Pathak et al.，2020）、期望过高（Prior et al.，2016）、负面情绪（Yeh et al.，2020）、报复欲望等不当行为（Guan et al.，2020；Järvi et al.，2020），这些行为主体特征在一定程度上会导致价值共毁。②行为主体之间的关系特征影响价值共毁，如不信任、沟通不足、冲突、目标不一致、权力/依赖关系不对称（Mustak et al.，2020；Vafeas et al.，2016）以及传染性行为（Plé et al.，2020）。具体而言，Vafeas 等（2016）考察了"价值共毁"这一术语作为导致价值减少的相互作用的笼统描述的准确性，研究结果表明，价值的减少是由关系双方单独或共同的资源不足和资源滥用造成的，并在此基础上提出了价值减少的五个高阶模型。Mustak 和 Plé（2020）提出服务生态系统的四个前提受到过于乐观的观念的约束，这些观念阻碍了理论的进步。这些前提忽略了可能得紧密耦合；权力不对称；对制度和制度安排的不同解释；对行动者整合资源的行动、意图和能力的不同解释；以及价值的共同破坏。Plé 和 Demangeot（2020）通过命题概念化研究了一个行为人的线上（线下）越轨行为如何通过社会传染产生更多行为人的线上（线下）越轨行为，以及这种聚集的行为如何在其他行为人之间引起行为适应；传染性行为和进一步的行为适应可能会导致价值共同创造与价值共同毁灭，因为行为者可能不会共享影响价值感知的相同制度安排。③生态系统特征对价值共毁产生作用，如市场特征、规范机制（Daunt et al.，2017；Pathak et al.，2020）、技术应用（Čaić et al.，2018）。Daunt 和 Harris（2017）的研究结果表明，展销行为是复杂的，包括不同程度的在线、离线渠道的累积价值共同破坏行为和价值共同创造行为。消费者特征、渠道特征、产品特征被证明与店内价值获取、在线价值共同破坏和共同创造相关联。Čaić 等（2018）根据机器人对老年用户（即焦点角色）的价值共同创造/破坏潜力来定义机器人角色（使能者、入侵者、盟友、替代者、扩展自我和去激活者），同时确认对老年人周围的用户网络（即网络角色）的影响；已确定的机器人角色告诉服务学者和管理者，需要通过精心设计来避免价值共同破坏的潜在风险，以及利用价值共同创造的潜力。

（3）互动中的资源与流程。价值共毁的重要环节是交互。行为主体与行为主体或行为主体与生态系统的交互，资源滥用和流程对接失调是核心。前文已做详细介绍，此处不再赘述。

（4）互动价值的结果与反馈。①一些学者通过构建互动价值形成的框架，将其描述为资源整合和多层次服务系统之间的相互作用，结果是参与者对获得的价值有利（共同创造）、不利（共同破坏），或者没有发挥作用（Makkonen et al.，2017；Sthapit et al.，2020）。②价值共毁会导致负面的行为主体反应和系统状态。已有学者研究指出：首先，价值共毁引起消费者的消极情绪，诸如焦虑、失望甚至愤怒，继而产生抱怨、消极的口碑以及转换行为等（Gebauer et al.，2013；Lv et al.，2021；Sugathan et al.，2017；Yeh et al.，2020）。其次，价值共毁势必对企业绩效产生消极影响（Apostolidis et al.，2021；Järvi et al.，2020；Vafeas et al.，2016）。

（5）干预机制。价值共毁亟待解决的核心问题是如何缓冲其发生机制，即采取哪些有效的干预措施以减缓甚至预防价值共毁的发生。然而，现有学术研究大多集中在其成因上，较少关注如何积极干预价值共毁。Bieler 等（2021）综合干预理论和消费者心理学，基于健康背景对"变革性消费者干预"（TCI）服务进行了探讨，发现并概念化了基于 TCI 的消费者促进（consumer boosting），该概念是有效且具体的，个性化干预能够增加个人的操作性资源，为变革性共创提供了途径，并减轻了意外后果和价值共毁风险。Noordhoff 等（2011）虽未提及价值共毁的概念，但其为价值共毁的干预和转化提供了解决途径。研究结果表明，客户与供应商之间的嵌入式关系是一把"双刃剑"，如果建立关系和治理机制有利于克服嵌入所造成的不好的后果，也就是说，行为者之间的治理机制对于价值共毁的缓解和预防具有重要作用。

综上所述，本书从多个方面对价值共毁进行了回顾和评述，探讨了行为主体的自身因素、行为主体间的关系以及所处生态系统（或网络）特征等对价值共毁的影响机制及缓冲作用。特别地，行为主体未来应根据系统内资源、能力等条件，采取相应的干预措施，将价值共毁的消极影响减到最小。

3. 平台商业模式下的价值共创和价值共毁

在前文价值创造（共创和共毁）的理论基础上，本书对具有价值创造上述两方面的平台商业模式相关文献进行了回顾与归纳，详见表 2-1。

表 2-1　平台商业模式下的价值共创和价值共毁研究

参考文献	研究情境	理论视角	价值共创	价值共毁
Apostolidis et al. (2021)	食物垃圾App	服务主导逻辑、可视性（affordance）和手段-目的理论	提供有用的功能（例如，获得优质和负担得起的食品）	机会主义、污名化和目标错位
Hsu et al. (2021)	电子商务自助服务技术（资源滥用、服务失败）	服务主导逻辑和归因理论	解决问题（problem solving）	情绪发泄（emotion venting）
Schulz et al. (2021)	交通 Reach Now App	服务主导逻辑	阶段1：应用程序免费；司机驾照验证。阶段2：移动服务信息；旅行时间信息等。阶段3：高质量推荐；良好的推荐展示。阶段4：提供折扣；简单的预订和付款。阶段5：良好的导航；别致的汽车共享等。独立阶段：高稳定性；良好的功能设计；良好的顾客服务；良好的视觉设计；附加值等	阶段1：登录、注册问题；编辑用户配置文件出现问题等。阶段2：出发点和到达点选择问题；缺乏移动服务信息；旅行时间信息不足。阶段3：出发点和到达点之间缺乏连接；劣质推荐；缺乏个性化；推荐显示不佳。阶段4：预订和付款错误；缺乏付款方式；所有票均不销售等。阶段5：导航不良；禁止取消出租车等。独立阶段：应用程序崩溃；功能设计、员工服务不佳；低水平数据保护；服务器连接问题；高数据量消耗；高电池消耗等
Buhalis et al. (2020)	住宿共享经济	服务主导逻辑和变革服务理论	房东/供应商：收入。提供可用空间的家庭房东：履行财务义务，负担得起房子；翻新破旧房屋；陪伴、与人交往、对抗孤独；以热情好客、展示地理位置和文化为荣。提供备用公寓或二套的专用房东：收入，承担经济责任，负担二套住房；财产增值；区域投资和中产阶级化。专业房东：租金收入、投资收益和利润潜力最大化	房东/供应商：获得高分的压力；高水平的服务期望；规则不受尊重；顾客不合理的期望；财产的损坏和清洁；持续的干扰和请求；计划取消和更改；性骚扰；与邻居的问题。顾客：安排；期望没有被满足；过度营销；安全保障；性骚扰。当地居民：使用零成本资源；建筑物内外的噪声污染；交通、停车、过度拥挤；犯罪与反社会行为；产品和服务价格上涨；租金上涨；住宿只用于共享经济

续表

参考文献	研究情境	理论视角	价值共创	价值共毁
			顾客：像当地真实的经历一样生活；更便宜；大型家庭或团体的舒适设施、公共空间；灵活性、非正式性和自我特色餐饮；私人设施保护隐私；评论系统作为质量控制等。 当地居民：财产增值；增加租金；区域投资和区域中产阶级化；改善居民生活质量。 正规住宿业和酒店业：需求增加获益等	竞争者：不正当竞争；减少需求；价格暴跌；无法与新的灵活的设施竞争
Dolan et al. (2019)	航空公司社交媒体投诉	实践理论（Practice Theory）	寻求解决方案：消费者与旅游组织达成解决方案。 寻求支持：当消费者在抱怨后得到足够支持、认可和同情。 寻求社会参与：投诉人成功并充分分享警告信息时，别人会对所传达的信息表示认可、感谢或欣赏	寻求解决方案：当投诉行为导致公司未能作出回应或作出不适当/不一致回应时，投诉方会继续履行投诉行为。 寻求支持：当没有从他人那里得到社会支持，或提供的支持与消费者期望不一致时，投诉者继续分享消极情绪。 寻求社会参与：当公司试图回应和纠正或解决消费者最初警告时，寻求社会参与会导致价值共同破坏，因抱怨的消费者未成功达到警告其他消费者的目标
Camilleri & Neuhofer (2017)	住宿共享经济	服务主导逻辑和基于实践的理论视角	欢迎；评估位置和住宿：感激方便；寻求安静和放松；欣赏壮观景色；享受与当地人的互动；欣赏设施清洁和便利；满足或超过期望；与其他客人/宠物/孩子相处融洽；重视资源获取。 表达感受：积极的感受、情绪、印象；希望再访；地区积极方面。 帮助和互动：欣赏乐于帮助和友好；与房主共度时光；房东响应和建议、提供或安排交通；解决问题和不便	不欢迎；评估位置和住宿：被邻居打扰；出行困难；位置的缺点；不便和建议；未能满足期望；无法与其他客人融洽相处。 表达感受：消极的感受和不满；地区消极意见。 帮助和互动：无法解决问题；缺少与房东会面和互动；不清楚的沟通；讨厌的房东。 推荐：不推荐地点及房东；不向潜在客人推荐；没有物有所值；没有建议公共交通；房东不推荐客人

续表

参考文献	研究情境	理论视角	价值共创	价值共毁
			推荐：推荐地点及房东；向潜在客人推荐；物有所值；建议公共交通；房东推荐客人。 感谢：客人和房东表示感谢；房东受理投诉和纠错	感谢：房东清除误导性评论；不懂得感激的客人和充满敌意的房东

资料来源：根据平台商业模式下的价值共创和共毁文献绘制。

根据表 2-1 中的内容，平台商业模式下的价值创造问题（共创和共毁）可以从以下两个方面进行总结和评述：①在研究情境方面，此研究主题主要围绕旅游行业的住宿共享经济平台、交通应用程序和航空社交媒体展开，也进一步扩展到食物垃圾 App 以及自助服务技术等研究，尚未对个性化场景尤其是在线教育领域给予应有的关注和重视；②在价值创造方面，现有文献侧重于价值共创和价值共毁的具体原因与表现形式以及造成的潜在、实际结果，对于"双刃剑"的影响机制阐释得不够详细、清晰，以及缺乏对价值创造的边界条件，尤其是价值共毁的干预机制的探索和实证。因此，本书拟将该研究范围扩展到在线教育平台个性化解决方案上，厘清价值创造的"双刃剑"影响机制，并且探讨潜在的关键的边界作用。

2.1.2　信号理论

1. 信号理论的提出和内涵

信号理论可以追溯到 1973 年 Spence 等学者对信息不对称和"逆向选择"作出的巨大贡献。Spence（1973）指出，在招聘过程中，由于招聘双方的信息不对称，公司的人力资源专家无法有效地衡量应聘者工作方面的真实能力，从而导致进入工作岗位后的不公平待遇；而对于应聘者，他们将教育背景等无形的能力特征作为价值信号，积极地发送给招聘者赢取更为公平的待遇。信号理论在于减少发送和接收信号双方之间的信息不对称（Spence, 2002）。当双方（个人或组织）获得不同的信息时，一方，即发送方，必须选择是否以及如何传递（或发出）该信息；而另一方，即接收方，必须选择如何解释该信息。因此，信号理论在管理学领域也得到了关注，其中创业管理和人力资源管理领域的相关文献占据主体地位。例如，创业管理方面，学者们检验了董事会特征（Certo, 2003）、高层管理团队特征（Lester et al., 2006）、风险投资家和天使投资者存在（Elitzur et al., 2003）、创始人的参与（Busenitz et al., 2005）的信号价值；人力资源管理方面，许多研究已经检验了招聘过程中出现的信号（Suazo et al., 2009）。Tumasjan 等（2021）研究了风险投资家是如何将弱信号（推特情绪）和强信号（专利）结合起来对科技型初创企业进行估值，但推特情绪与实际的长期投资成功无关，而专利则与之相关。近年来，学者们扩大了潜在信号的范围和信号发生的情境，为管理问题的分析和解决提供了新的研究视角。

信号理论包括三个核心角色，即信号发送者（signaler）、信号接收者（receiver）以及信号本身（signal）。信号由信号发送者发出。信号发送者主要包括对个人（Spence, 1973）、产品（Kirmani et al., 2000）或组织（Ross, 1977）信息有独享权利的内部人士，如企业高管。信号发送者有正面和消极的信息，而信号接收者需要按需过滤对实现自己目标有效的信息。信号的有关内容涵盖组织内部的关键信息。信号接收者接收到信号，在针对信号初步筛选、仔细观察、作出解释和最终处理后，制定相应的决策。接下来，由信号接收者参考信号使用结果，再反馈信号给其发送者。在信号传输过程中，信号传输的内外环境同样重要，因为环境可以对信号传输影响信息不对称起到边界作用。一旦传输介质对信号可见性产生弱化作用，环境就会失真。此外，文化、制度等外部理论情境也会影响传播过程。表 2-2 为信号理论关键构念。

表 2-2　信号理论关键构念

构　念	定　义	管理相关参考文献
信号发送者		
诚实（真实性、准确性）	信号发送者实际上具有发出的不可观测性质的程度	Arthurs et al., 2009; Ndofor et al., 2004
可靠性	信号诚实和匹配的结合	Busenitz et al., 2005; Sanders et al., 2004

续表

构　念	定　义	管理相关参考文献
信号		
信号成本	与实现信号传输相关的交易成本	Bhattacharya et al., 2001; Certo, 2003
可观察性（强度、清晰度、能见度）	信号强度，不包括扭曲和欺骗	Lampel et al., 2000; Warner et al., 2006; Ramaswami et al., 2010
匹配（价值，质量）	信号与不可观测质量相关的程度	Busenitz et al., 2005; Zhang et al., 2009
频率	发送相同信号的次数	Baum et al., 1999; Carter, 2006
一致性	来自同一信号源的信号之间的一致性	Chung et al., 2001; Fischer et al., 2007
信号接收者		
接收者注意	信号接收者警惕地扫描信号环境的程度	Gulati et al., 2003; Janney et al., 2006
接收者解释（校对）	由接收者引入的失真量（distortion）和/或接收者对信号施加的权重	Perkins et al., 2005; Rynes et al., 1991
反馈/环境		
反馈	来自接收者的响应信号，旨在改善信号解释	Gulati et al., 2003; Gupta et al., 1999
失真	由信号环境、外部指示物或其他信号者引起的噪声	Branzei et al., 2004; Zahra et al., 2004

资料来源：根据 Connelly et al.（2011）文献整理绘制。

2. 信号理论在在线平台中的相关文献综述

在在线平台研究范围内，一些学者尝试利用信号理论解释平台中的一些重要现象。本书对相关文献进行了归纳整理（见表 2-3），并进一步对其进行了总结评述。

表 2-3　信号理论在在线平台中的应用

参考文献	研究情境	信号发送者/信号	关键发现
Acar et al. (2021)	众筹新产品	新兴企业/众筹	研究揭示了消费者对众筹产品的偏好。消费者认为：①众筹产品质量更高；②支持众筹可以减少市场中的不平等。第一个推论的重要边界条件：由于消费者认为众筹模式缺乏足够的专业性来降低风险，识别的效应在高风险领域发生逆转。关于第二个推论，积极的众筹效应在重视社会平等的消费者中尤其强烈

续表

参考文献	研究情境	信号发送者/信号	关键发现
Fan et al. (2021)	电影产业	内部信号：演员和导演权力；外部信号：口碑数量和口碑效价	电影市场包括外部信号和内部信号。研究发现，除口碑效价外，所有的信号都对票房表现有正向影响。内部信号对首映周票房的提升作用更大，而外部信号（仅口碑数量）对后期票房的提升作用更大；信号环境可增强内部信号对票房表现的积极影响
Lisjak et al. (2021)	社交媒体口碑传播	企业/企业授予、构建或设计营销补贴的方式	在缺乏明确激励的情况下，低契约补贴比高契约补贴在培养口碑方面更有效，特别是低契约补贴比高契约补贴更有可能传达一种关系信号，促使消费者通过分享口碑来帮助公司，这种效应在不同的人群、不同的补贴、不同的对立运作方式和不同的口碑衡量标准中都很明显，当别有用心的动机显著时，低（高）契约的有益效应会减弱甚至逆转
Shao et al. (2021)	跨境电商	跨境电商企业/退货政策	结果表明：跨境电商情景下，当网络零售商采取宽松退货政策时，消费者感知质量（风险）更高（低），导致更高的购买意愿；当消费者购买从境内保税仓库发货的产品或没有产品追溯代码的产品时，宽松退货政策对感知质量和风险的影响更强
Tumasjan et al. (2021)	风险资本融资	科技初创企业/推特用户情绪（sentiment）和专利	研究发现，信号（推特情绪和专利）和风投的风险估值之间存在正相关关系，长期投资成功与推特情绪并不相关，但却与专利有关。此外，新颖性和经验特征［即创业年龄和VC（风险投资）公司经验］作为信号估值关系的边界条件
Ye et al. (2021)	知识付费平台	回答者（answer）信号：社交媒体地位；解答者（answerer）信号：社会认可（social endorsement）；社会反馈	研究结果发现，社交媒体地位和社会认可对付费观众的销售有积极影响，社会反馈的倒U效应以及问题价格和内容易逝性（perishability）对付费观众销售有差异调节效应，对过去文献进行了延伸和扩展
Bhagwat et al. (2020)	企业政治意识形态（political ideology）	企业/"企业社会政治行动主义"（corporate sociopolitical activism, CSA）	CSA引发了投资者的负面反应，投资者对CSA的评价是，企业将资源配置远离以利润为导向的目标，转向结果不确定的风险活动的信号；同时确定了两组调节因素：①CSA偏离关键利益相关者的价值观和品牌形象；②CSA资源实施特征，影响投资者和客户的反应

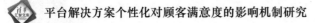

续表

参考文献	研究情境	信号发送者/信号	关键发现
Wang et al. (2020)	O2O（线上到线下）知识共享经济	知识提供商/质量和价格	在O2O知识共享经济背景下，离线知识服务交易与其提供商的受欢迎程度正相关，但与价格负相关。此外，知识搜索者更有可能接受和购买高价格的知识主题服务，该服务具有较高的总体评分，并且由受欢迎程度较低且响应时间较短的提供商提供。但线下知识服务时长与其交易量无显著关联
Li et al. (2019)	点对点借贷	点对点平台借款人/贷款文本长度	文本长度是识别借款人素质的一个强有力的信号。平台能够从考虑描述长度中受益，并且存在投资者从该信息中受益的空间
Li et al. (2019)	基于行为的定价（behavior-based pricing, BBP）	企业/是否实施基于行为定价	当消费者没有观察到企业的BBP实践，而且实施BBP的成本很低时，企业确实在实施BBP。当成本适中时，公司不使用BBP；然而，它必须扭曲其第一阶段的价格向下，以信号说服消费者选择。实施BBP的高成本促使企业放弃BBP承诺手段，从而提高利润。通过比较消费者愿意和不愿意观察企业BBP行为的制度，发现BBP的透明度增加了企业利润，但减少了消费者剩余和社会福利
Teubner et al. (2019)	共享经济	平台运营商/跨平台信号	结果表明：①跨平台信号是产生信任的可行策略；②它的有效性关键取决于来源和目标匹配。首先，平台补充者可能会从引入声誉中受益，尤其是刚开始在一个新的平台上工作、还没有赢得现场声誉时。然而，如果来源和目标之间出现不匹配，引入声誉（即使它好）可能是有害的。其次，监管机构可能会考虑将声誉可移植性作为一种手段，使平台边界更容易渗透，从而消除锁定效应。最后，平台运营商可以利用跨平台信号作为竞争杠杆
蔡舜等（2019）	知识付费平台	直播主讲人/直播主题、评论特征、价格和主讲人声誉	价格与知识产品销量呈负相关，但是产品评论弱化了价格对销量的消极影响
彭红枫和米雁翔（2017）	股权众筹	融资平台/项目质量（项目描述、起投金额、社交互动和人力资本）和项目不确定性	对项目质量起积极作用的信号有项目描述、起投金额、社交互动和人力资本，有负面影响的信号是不确定性；而质量信号与融资绩效之间的关系被项目不确定性所弱化

资料来源：根据信号理论在在线平台中的应用文献整理绘制。

通过对相关文献的整理和综述发现，信号理论解释了平台定价、销售、股权众筹、借贷、"企业政治行动"、社交媒体口碑影响等多种情境下的特殊现象。不同信号发送主体通过发送各种各样的信号（如质量、风险、成本、声誉、社会认可等）以期达到不同目的。但是，现有文献尚未涉及提供个性化定制服务，并且所关注的信号都是从平台自身及涉及的利益主体发出的，对于信号环境以及主体间关系因素考虑不足。因此，本书以信号理论为基础，在在线教育平台个性化情境下，对消费者地区异质性（城市政商关系）、平台顾客旅程设计和平台关系治理的边界作用进行了深入探究。

2.1.3　心理契约理论

1. 心理契约理论的内涵

"心理契约"（psychological contract）首次在《理解组织行为》中出现（Argyris，1960）。他将"心理契约"应用到管理相关的领域，强调在员工与组织的关系中，除了在正式雇佣合同中规定的明确内容以外，还有隐性、非正式和不公开的相互期望，这些对员工忠诚度和行为也起到决定性作用。但是Argyris 只是提出了这样一个概念，并没有给出一个精确的定义。随后，心理契约从组织行为学领域拓展到营销等其他更多领域，其内涵的发展大致经历了三个阶段：第一阶段：组织行为学领域"古典学派"，将心理契约界定为契约双方双向的心理感知，代表人物有 Levinson、Schein、Kotter 等。具体而言，在一个公共机构中，Levinson 等（1962）将心理契约视作一种不成文的"合同"，由组织和员工相互期望加和，强调一种内隐、未说明的期望。Schein（1965）、Kotter（1973）在此基础上进一步对心理契约进行了层次划分，并强调了它对组织行为重要且决定性的作用。"古典学派"的观点长期以来影响了人们对心理契约的理解。第二阶段：组织行为学"Rousseau 学派"，将心理契约界定为契约中单方的心理感知。Rousseau（1995）认为，抽象的组织仅供应了契约订立所需的环境，但无法与其成员形成心理契约。因此，心理契约不再被认为是契约双方相互同意导致的结果，研究焦点已经转移到形成心理契约的个体层面。"古典学派"和"Rousseau 学派"同时存在，实证研究也逐渐用于对定义和理论发展的探讨与修正。第三阶段：心理契约概念引入营销领域。Roehling（1997）认为心理契约使企业与客户之间的关系延伸到组织之外。

2. 心理契约理论的特征

与其他契约相区别，心理契约多数是个体感知、非正式、隐含的契约。①主观性。心理契约是个体感知而非实际的相互责任，双方理解和解释可能无法形成共识。②动态性。与正式契约的规范性和强制性不同，心理契约处于一种可能随时发生动态变化的状态。③内隐性。心理契约通常是不成文的，契约主体对于另一方的期望等复杂多样，难以准确表达。④与期望相关但有别。心理契约包括对义务与责任的承诺和互惠，虽然会导致期望的产生，但必须具备互相理解的交换基础。

3. 心理契约的形成机理

明确心理契约的形成机理，对于维护和引导心理契约具有重要的实践意义。本研究整合 Rousseau（2001）和曹威麟等（2007）的相关研究，构建了图 2-1 所示的心理契约形成机制。该机制描述了契约双方的互动以及心理契约的动态过程。一是根据环境中的各种相关信息和自身情况，对彼此的权利义务作出感知判断。二是双方在心理上将上述判断转化为对对方的某种期望。三是双方心理期望的表示和沟通。希望表达的一方可以直接进行口头或书面表达，也可以先发出各种相关暗示。如果以前一种方式表达，并通过与对方的交流、沟通达成一致，双方之间则建立起显性的契约关系（这并非心理契约研究范围）。而如果以后一种心理暗示的方式表达期望，会出现两种可能：一种是达成一致的心理契约；另一种是存在歧义未达成一致，双方会重新进行信息筛选，对各自的权利、义务作出判断，进行新一轮心理契约的缔结过程。这一动态过程不免受到个人特质、组织因素和社会线索等具体情境因素的影响。心理契约和其他形式的契约类似，一旦形成，双方都会感到一种压力和动力，促使自己履行与享有权利相对应的义务。如果双方所处情境发生改动，它也可能会破裂，新的心理契约将启动。当其中一方在一些情形违反心理契约既定协议，未能履行其责任、义务，另一方回以对应的态度和行为，可能继续留在此关系中，调整自己的期望以建立一个新的心理契约关系，改变他们以前的态度和行为；或者结束这段关系，对某些问题表示完全的沮丧和失望。

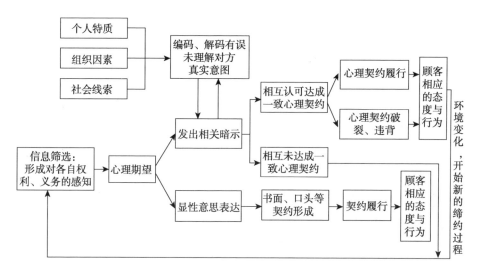

图 2-1　心理契约形成机制

资料来源：根据 Rousseau（2001）和曹威麟等（2007）相关内容整理绘制。

4. 心理契约理论的相关文献综述

将心理契约的视角纳入 B2C 关系营销领域，也从个人的角度提供了对关系交换过程的更深入理解。Guo、Gruen 和 Tang（2017）将心理契约定义为关于组织与个人之间资源交换的规则和条件的个体关系图式。这一定义包含了心理契约的两个方面：心理方面和契约方面。

首先，从社会认知的角度（即心理方面），心理契约代表个人如何在他们的记忆中构建社会信息。它由关系模式的广义和结构化知识组成，可以被社会环境中的线索激活。作为一种心理模型或认知地图，心理契约可以帮助消费者评估和协调他们与公司之间的服务互动，并应对获取和利用服务的日常挑战。服务固有的无形性和高水平的经验或信任属性提升了评估服务绩效的难度（Berry，1995；Murray et al.，1990）。顾客有动机建立心理契约，以降低获取服务的感知风险。此外，根据服务文献中的角色理论（Solomon et al.，1985），在消费服务时，消费者被期望执行一套基于特定服务环境需求的习得行为。心理契约的形成有助于消费者了解自己在一段关系中的角色期望，并帮助他们在服务遭遇中根据社交线索进行适当的行为。

其次，从资源交换的角度（即契约方面），心理契约是个体对互惠交换的感知协议，说明有形资源和无形资源在双方之间交换的规则与条件。契约概述了交易。当一方从另一方获得有价值的考虑作为回报而接受产品或服务时，它捕获商定的条款。契约提供了一种治理机制，在经济上保障交易（Macaulay，1963）。心理契约设定了关于交换的显性期望和隐性期望。它有助于个人简化和组织资源交换过程，并在心理上控制资源交换。在消费者市场中，资源交换是消费者服务关系的基础，在这种关系中，服务组织提供经济和社会资源，如商品、服务、社会地位和尊重，消费者则提供支付和忠诚度等资源。心理契约是个体感知到的协议，说明了消费者和服务提供者之间资源交换过程的规则与条件。根据消费者自身的资源和能力以及服务公司在特定交易中的营销产品，不同的心理模型可能在消费者的心里活跃并主导着资源交换过程。

（1）顾客心理契约的前因变量研究。①关系导向视角。Dwyer、Schurr 和 Oh（1987）描述了供应商和顾客方通过它们的吸引力、沟通、期望形成和规范发展的程度，使各方之间相互依赖水平提高，以这种方式推动关系投入，也使决策者能够利用互惠准则及其能力，通过产生相互和持久的道德义务来维持关系各方之间的团结、稳定和承诺。Kingshott（2006）提出交易双方关系导向与心理契约正相关。②顾客参与视角。梁雯和张伟（2016），赵鑫和王淑梅（2013）检验了顾客心理契约是否分别受到顾客服务参与和其感知到的服务质量的影响，发现后者有助于提高顾客的关系心理契约。Wei 等（2021）基于心理契约理论，从供应商的角度探讨了基于契约和信任的控制机制对关系冲突的影响及其边界条件。基于 180 个离岸外包 IT 项目的调查数据表明，供应商的交易型契约模式削弱了基于信任的控制对关系冲突的影响，而供应商的关系型契约模式则增强了外包者基于契约的控制对关系冲突的影响，进而关系冲突对项目绩效产生负面影响。③公平、价值与风险感知等认知视角。范钧（2009）研究发现，服务质量、感知公平性等促使顾客心理契约发生动态变化。李宝库等（2017）探究网购平台情境下，消费者心理契约履行受到履约奖励、履约成本以及未履约惩戒的共同影响。王小娟等（2019）研究发现感知易用和感知风险对顾客心理契约有显著影响。

（2）顾客心理契约的结果变量研究。①顾客价值创造或服务补救视角。Esslinger 等（2019）运用归因理论和系统思维探讨了供应商心理契约超额履行后买方索赔的经历，结果表明，根据供方的心理契约过度履行经历，二元归因的供方对买方的信任程度最高，而二元归因和买方网络归因的供方对买方网络的赞赏程度最高；然而，一旦买家主张价值，归因的影响就会减弱，社会奖励要求对关系结果几乎没有影响，经济奖励要求严重损害了供应商对买方的看法；无论索赔的类型如何，因果轨迹在很大程度上与供应商对买方的奖励、索赔的反应无关。綦恩周和张梦（2015）探讨了顾客参与在心理契约与顾客感知服务补救质量之间的中介作用，其中顾客参与分为人际互动、信息分享和责任行为三个维度，显著地与顾客感知服务补救质量正相关。②顾客关系视角。Kingshott 在 2006 年发现顾客心理契约与关系信任和关系承诺正相关。同时，Kingshott 等（2021）探讨了顾客与服务员工之间的三种心理契约（交易型、关系型和公共型）对顾客满意度方面的服务品牌评价的单独效应和联合效应，研究发现交易型契约和关系型契约对公共型契约分别有负向影响和正向影响；公共型契约分别在交易型契约与信任、交易型契约与承诺之间起中介作用，同时，公共型契约分别在关系型契约与信任、关系型契约与承诺之间起中介作用，但对满意度没有影响；信任也在满意度和承诺之间起中介作用。秦静（2013）和李丹丹等（2014）的研究均发现了顾客心理契约对顾客满意度和顾客忠诚度起到显著的正向影响。Bi（2019）以心理契约理论为基础，透过网络顾客社群，扩展了传统的信任-承诺框架，并引入感激和个人互惠的情感结构。结果表明，为了建立有效的顾客忠诚计划，并从在线顾客社区的投资中获得经济效益，电子零售商应提升顾客对他们从这些社区获得的利益的认识，设计适当的策略来激发顾客的感激之情，并激活顾客基于感激的互惠行为。

（3）顾客心理契约违背的相关研究。顾客心理契约违背是营销学者关注的热点。心理契约违背属于情感层面，包括产生背叛、憎恨和失望等情绪。①顾客关系和/或行为视角。Fullerton 和 Taylor（2015）探索了不满意和违背是对服务等待的不同情感反应：人们认为不满意是期望失实的结果，而违背则是违反心理契约的结果，调查发现，当消费者有预期（等待时间）时，在等待过程中通常会感到失望或不满意；当他们认为服务提供商已经就提供服务所需的时间作出具体陈述（或承诺）时，他们会感到愤怒或愤慨。Chih 等（2017）研究发现，当消费者感知到更多的分配公平和程序公平时，其心理契约违背感就会减弱，不会显著影响其更容易产生的再购买意愿。Malhotra 等（2017）研究了心理契约违背通过弱化信任和满意度而影响顾客对线上零售商的再次使用。Chopdar 和 Sivakumar（2018）基于手机移动终端研究情境，发现心理契约违背负向影响服务质量和感知价值，从而影响消费者的口碑传播意愿。Zhao 等（2019）发现客户心理契约破裂会导致高水平的感知违背，这反过来降低了客户满意度；虽然销售团队疲惫会放大顾客心理契约违背对违反行为的积极影响，但顾客过去的积极体验会减弱这种影响。Kingshott 等（2020）将退出、建言、忠诚、忽视（EVLN）类型学与心理契约文献相结合，研究了澳大利亚买方公司如何建立和培养与中国供应商的关系；数据显示，心理契约违背对其供应商的负面影响表现在忽视、建言和忠诚度；此外，对比忽视和建言行为对信任和承诺的影响，这些行为分别导致侵蚀和建立东西方 B2B 关系。Liu、Yang 和 Chen（2020）评估两种类型的心理契约违背对顾客公民行为的影响，结果表明：关系型契约违背对推荐行为和帮助行为有直接与间接的负面影响，但不影响建言行为；交易型契约违背直接且负向影响推荐行为，但对建言行为没有影响；心理契约违背中介交易型契约违背与帮助/顾客推荐行为；而在关系型契约违背对帮助行为的影响中起完全中介作用。Gillani、Kutaula 和 Budhwar（2021）借鉴心理契约研究了企业对企业关系的破裂和阴暗面，违约的四个理论被归类为轻微违规（低水平）、负面破坏（中水平）、加剧的不良事件（高水平）和无法容忍的违规（非常高水平），阴暗面的行为结果被确定为自我调整、重新谈判、升级和离开。②企业补救措施。Gong 和 Wang（2021）研究发现，品牌关系质量、品牌道歉和品牌补偿对心理上的品牌契约破裂与消费者对品牌的功能失调行为（品牌负面口碑、品牌报复和品牌抵制）之间的关系具有调节作用，这是由心理品牌契约违背所介导的。郭婷婷等（2019）认为，在网购中快速响应可以有效恢复顾客心理契约；有形补偿是最直接的补救方式；如果产品质量有问题，顾客心理契约破裂无法通过道歉来修复；如果人机交互系统发生服务失误，交易型心理契约破裂在一定程度上能够被道歉所修复。

2.2 个性化的相关文献综述

从个性化的研究对象来看，现有研究集中于个性化广告、推荐系统、定价、产品和服务等个性化营销组合以及个性化政策声明、个性化匹配和个性化管理响应（Teeny et al.，2021；Zeng et al.，2022；Zhang et al.，2020）。客户解决方案作为服务主导逻辑的全新表现形式（Vargo et al.，2004），代表了产品开发的一个重要转变（Srivastava et al.，1999）。因此，本书将以平台解决方案为个性化研究对象。

在个性化实践中，企业为顾客提供数字解决方案越来越广泛。具体到在线教育平台研究情境，平台解决方案主要指在线教育企业推出的线上一对一辅导课程，如粉笔职教公考一对一精品班、中公教育公务员考试一对一辅导等。同时，从现有的相关文献可以得出，解决方案个性化也是学术界开始关注的重点对象（Hedvall et al.，2019；Zimmer et al.，2020），但缺乏实证研究进行论证。由于解决方案的特殊性，围绕这一情境展开的研究结论与一般个性化研究所得出的普遍性结论有所区别。

本节将从个性化和解决方案的定义、个性化与隐私悖论、企业在个性化中的价值共创和价值共毁等方面对相应代表性文献进行评述。

2.2.1　解决方案个性化的提出和内涵

1. 个性化

本书作者在电子数据库中进行了文献检索，使用了关键词个性化、同一个词干的变体以及相关术语，如定制化（customization）、个性化（individuation）和一对一营销（one-to-one marketing）。通过限定到管理领域（business/management）以及期刊所属区域（Q1 和 Q2），对涉及的典型个性化定义进行了梳理和总结（见表 2-4）。

表 2-4　个性化的代表性定义

参考文献	个性化相关概念
Surprenant et al. (1987)	"个性化服务"是指在互动中发生的旨在促进客户个性化的任何行为。实现个性化的三种方式是选项个性化、程序化个性化和定制个性化
Peppers et al. (1999)	个性化是"公司客户关系管理的一部分，其中公司通过客户与公司之间的交互过程收集客户数据，定制产品或服务的某些功能，以便客户享受更多的便利或其他一些好处"
Personalization Consortium (2003)	个性化是"使用技术和客户信息来定制企业与每个客户之间的电子商务互动。使用先前获得的或实时提供的关于客户的信息，改变双方之间的交换以适应该客户声明的需求，以及企业基于可用客户信息感知的需求"
Adomavicius et al. (2005)	个性化构成了一个迭代过程，可以由即时发生的理解-交付-测量周期（understand-deliver-measure cycle）来定义。 理解阶段：通过收集消费者的综合信息并将其转化为存储在消费者档案中的可操作知识来了解消费者。 交付阶段：根据消费者档案中关于消费者的知识提供个性化服务并将其交付给消费者。 测量阶段：通过确定消费者满意度来衡量个性化影响以增强对消费者的了解。这些反馈信息完成了一个周期，在下一个周期中，改进的个性化技术可以作出更好的个性化决策
Tam et al. (2005; 2006)	网络个性化"利用个性化技术在正确的时间以正确的格式向正确的人提供正确的内容，以提供定制服务和最大限度的商业机会"，从用户驱动到交易驱动和情境驱动
Vesanen et al. (2006)	个性化被视为一个过程，包括：从内部、外部来源和客户互动中收集与分析客户信息，根据客户档案定制营销组合元素、营销活动的目标

参考文献	个性化相关概念
Subramanyan (2014)	超个性化利用数据提供更个性化和更有针对性的产品、服务和内容。超个性化就是最大限度地定制符合客户需求的内容

资料来源：根据个性化代表性定义的相关文献整理。

当前研究中个性化的概念具有多样性。最早由 Surprenant 和 Solomon 在 1987 年对个性化服务给出了定义：互动中发生的旨在促进客户个性化的任何行为，并进一步指出实现个性化的三种方式是基于服务结果的选项个性化（option personalization）、侧重服务交互过程的程序化个性化（programmed personalization）和定制个性化（customized personalization）。

后续学者们不断对个性化的内涵进行扩展，以适应特殊的研究情境。对个性化的相关研究进行分类，可以有以下几种方式：按照研究对象划分，个性化研究从最初的个性化广告、推荐系统、定价、产品和服务等个性化营销组合（Fan et al.，2006；Ho，2012；Komiak et al.，2006；Kwon et al.，2012；Maes et al.，1999；Moon et al.，2008；Riemer et al.，2003；Roberts et al.，2012；White et al.，2008）到个性化政策声明（Zeng et al.，2022）、个性化匹配（Teeny et al.，2021）和个性化管理响应（Zhang et al.，2020）。个性化研究对象涉猎范围越来越广，不再仅仅局限于传统意义上的产品或服务定制。按照个性化方式，学者 Surprenant 和 Solomon（1987）将其划分为选项个性化、程序化个性化和定制个性化，学者 Tam 等（2005；2006）将其划分为用户驱动（user-driven）、交易驱动（transaction-driven）、情境驱动（context-driven）。大多数研究关注企业发起的完全基于技术推荐的个性化，有研究开始关注顾客参与共创的个性化。按照数字载体来划分，现有研究涉及网站个性化（web personalization）、移动个性化（mobile personalization），甚至基于增强现实（AR）等技术的个性化以及超个性化。按照行业来划分，个性化研究主要针对酒店行业、零售行业、新闻行业、时尚行业以及近来兴起的医药行业。

通过对现有个性化文献的梳理和总结，可以得出个性化的若干特点。

（1）现有的关于个性化与定制化的研究大多是高度相关的，但是又有所区别。具体而言，个性化是由企业营销人员驱动的，通常基于对之前收集的消费者数据的分析和预测，确定哪种营销组合（价格、渠道、沟通以及促销等）对个体消费者是合适的；定制化是由消费者驱动、要求或指定一个或多个营销组合中的要素。营销人员需要权衡好个性化与定制化。

（2）个性化得以成功实施在于及时、有效地与消费者偏好相匹配。第一，消费者偏好应该明确、清晰、稳定。但现实并非如此。例如，Shen 和 Ball（2009）明确了消费者偏好是在其自己决策制定过程中逐步构建的，并且会发生潜在的变化。第二，企业有能力从诸如消费者记录与行为信息等数据中预测偏好，以使其效用最大化。企业正在进行或已经完成数字化转型，基于先进技术（如移动互联网、人工智能、机器学习等），将历史和实时的大数据分析与数字客户相结合，为消费者提供相关、情境特定的信息，以满足他们个性化和异质性需求。第三，消费者希望企业基于其个人数据分析他们的偏好。第四，消费者有能力对企业作出相应反馈，使个性化系统清楚他们得到的个性化"内容"是否符合真实的个人偏好，即个性化的实际效果。

（3）个性化强调在顾客旅程中，企业借助全渠道和设备以及准确的预测技术，通过与顾客持续迭代的交互来满足其独特的多样需求。如 Tong、Luo 和 Xu（2020）提出移动设备让营销人员能够深入了解客户的超情境因素（hyper contextual factors），如实际地理位置、周遭环境、跨渠道行为、时间点、购物伙伴和市场竞争，营销策划应融入顾客的购物情境中，通过跟踪、定位、了解消费者跨渠道购物行为，提供无缝、及时的购物体验，在正确的时间对他们进行促销以满足其个性化的异质需求。共同创造是一种帮助公司提供定制服务和赢取更高客户满意度的现象（Lusch et al., 2010）。尽管对价值共同创造进行了大量研究，但通过数字客户端实现高度个性化的客户共同创造领域仍处于起步阶段，共同创造的许多方面，如服务创新、大数据在数字客户端中的使用、客户创新和参与以及共同创造的意愿，尚未得到很好的理解（Jain et al., 2021）。这一过程也有人将其定义为混合供应物或者解决方案。接下来将对解决方案概念的提出和内涵进行系统的回顾与介绍。

2. 解决方案

面对激烈的竞争，不同行业的公司，如信息技术、化工和金融服务，正试图通过提供客户解决方案来使自己与众不同（Wise et al.，1999）。杰克·韦尔奇（Jack Welch）提出："获胜者将是那些从用户的角度提供解决方案的人。这是营销工作的一大部分。"客户解决方案是服务主导逻辑的全新体现（Vargo et al.，2004），代表了产品开发的一个重要转变（Srivastava et al.，1999）。

对于客户解决方案尚未统一定义。早先，解决方案是满足客户业务需求的定制和集成的产品与服务的组合（Davies et al.，2006；Sawhney，2006）。这种定义从供应商角度出发，倾向于以产品为中心的客户解决方案观点。但是，几乎没有证据表明这种观点反映了客户对解决方案的看法，或者是由客户对解决方案的看法所决定的。这一点值得注意，因为解决方案的目的是满足客户的业务需求。如果客户对解决方案有不同的看法，这将使供应商重新思考他们向客户销售什么、为客户开发什么以及向客户提供什么。因此，Tuli、Kohli 和 Bharadwaj（2007）提出客户倾向于将解决方案更广泛地视为一组客户-供应商关系流程，包括：①客户需求定义；②商品和/或服务的定制和集成；③部署；④部署后的客户支持。这两种观点的差异揭示了为什么许多供应商不重视客户认为至关重要的关系流程。供应商对这些过程的疏忽可能会导致销售机会的丧失、客户的不满和更低的利润。这项研究表明，解决方案提供商可以从用关系过程视图取代他们以产品为中心的解决方案视图中获益。随后，解决方案的内涵突出了顾客需求的动态发展、销售人员的参与、持续互动沟通以及供应商跨职能协调等特征，最终为顾客创造价值。解决方案的代表性定义详见表 2-5。

表 2-5　解决方案的代表性定义

参考文献	定　义
Sawhney (2006)	解决方案的价值可以概念化为"组成解决方案的单个产品和服务的价值，加上解决方案供应商提供的营销和运营集成的价值，以及针对客户特定需求和环境的定制的价值"
Tuli et al. (2007)	客户将解决方案视为"一套客户与供应商关系的过程，包括：①客户需求定义；②商品和/或服务的定制和集成；③部署；④部署后的客户支持，所有这些都旨在满足客户的业务需求"

续表

参考文献	定　义
Ulaga et al. (2011)	"混合解决方案是结合到创新产品中的产品和服务，比商品和服务单独提供时创造更多的客户利益"
Evanschitzky et al. (2011)	解决方案"不只是满足现有客户需求的产品。它是一个正在进行的关系过程，在这个过程中，解决方案提供者不断地满足已定义的需求，而需求可能会随着时间的推移而动态地发展"
Storbacka (2011)	作者关注"集成解决方案是纵向关系过程，在此过程中，解决方案提供商将商品、服务和知识组件集成为独特的组合，以解决具有战略重要性的客户特定问题，并根据客户的使用价值进行补偿"
Powers et al. (2016)	作者考虑了"以客户为中心文化的解决方案的三个维度：适应性、客户重视度和跨职能协调。适应性是指供应商理解和响应客户独特与动态需求的能力。客户重视度是指解决方案提供商在持续互动过程中通过持续需求评估满足客户的程度，它反映了供应商理解客户需求并通过定制产品和服务创造价值的能力。跨职能协调代表了解决方案提供商内部不同职能部门之间相互作用、沟通和协调的程度"
Zimmer et al. (2020)	研究发现，在客户只考虑购买基于产品的单一组成部分的情况下，卖方企业将自己定位为解决方案销售商，对客户的购买意愿有着非常显著和积极的影响。这种信号效应起到了降低风险的作用，如果卖方能够通过引用先前的参与项目来提高信号的可信度，则观察到的效果更强

资料来源：根据解决方案代表性定义的相关文献整理。

3. 解决方案个性化

本书以平台解决方案个性化作为研究对象，基于在线教育平台研究情境，给出以下定义：平台解决方案个性化是以企业数字平台为载体，深入了解顾客的超情境因素（如物理位置、时间信息、周围环境等），基于各种先进技术（如定位、人工智能以及大数据收集与分析等）全渠道追踪顾客个人的历史、实时数据，预测顾客偏好，为其提供无缝的购物体验，并通过与顾客持续互动得到的顾客反馈不断调整定制和集成的解决方案的动态关系过程。在线教育平台研究情境下，平台解决方案主要指在线教育企业推出的线上一对一辅导课程，如粉笔职教 App 精品一对一课程服务、中公教育公务员考试辅导一对一等。

解决方案个性化属于热点现象，现实中个性化过程中也确实存在隐私泄露的情况，进行此问题的研究具有很好的现实背景与意义。接下来，通过进一步梳理个性化和隐私悖论的相关文献，为准确把握此领域的研究现状，定位和挖掘研究缺口，提炼本研究的理论框架，以及突出理论贡献和实践启示奠定基础。

2.2.2 个性化与隐私悖论的相关文献综述

客户期望的提高和技术的进步导致产品个性化成为一种重要的商业策略。个性化策略是一把"双刃剑"，积极营销效果以及消极风险并存。一方面，一些学者认为，产品的个性化有望改善客户体验并提高客户的转化率、忠诚度和满意度以及公司的盈利能力（Martin et al., 2017；Merle et al., 2010）。另一方面，研究人员注意到，产品个性化需要访问客户的个人信息，这带来了危及隐私的风险（Chellappa et al., 2010），并带来了更高的成本和交付周期的权衡（Squire et al., 2006）。个性化还被认为会导致产品种类的增加，这可能会增加成本（Wan et al., 2012）。目前最受学者关注的是个性化和隐私悖论问题。

个性化和隐私悖论是指公司对消费者信息的需求和消费者对隐私的需求之间的持续紧张关系（Cloarec, 2020）。随着现代技术的兴起，紧张局势加剧，消费者可能允许公司基于技术的渠道获取他们的个人信息，而不完全了解这种许可的条件（Bornschein et al., 2020）。公司通常使用这些信息来个性化消费者的在线导航并改善他们的在线体验，但滥用信息的风险也造成了隐私担忧。为了在收集个人数据提供有价值、便利的消费者定位和减少消费者的隐私担忧之间找到平衡，可能需要一个更全面的理论框架（Bélanger et al., 2020；Bleier et al., 2020）。通过对个性化和隐私悖论的相关文献进行回顾与梳理，可以得出如表 2-6 所示的结论。

表 2-6　个性化和隐私悖论的实证研究

参考文献	使用理论	前因变量	结果变量	中介变量	调节变量	关键发现
Zeng et al. (2022)	动机理论	隐私保证；个性化声明	购买概率；购买数量	隐私担忧		研究关注两个具体的隐私政策：隐私保证和个性化声明。结果表明，声称安全保护的隐私保证会对客户的购买概率和购买金额产生负面影响。相比之下，解决个性化

续表

参考文献	使用理论	前因变量	结果变量	中介变量	调节变量	关键发现
						利益的个性化声明会积极影响客户的购买概率和购买金额。隐私担忧分别在隐私保证与购买反应之间的负向关系以及个性化声明与购买反应之间的正向关系中起中介作用
Zeng et al. (2021)	门槛效应和承诺一致性原则	隐私保证、个性化声明	购买	自我披露行为；自我披露强度		研究指出遵守承诺自我披露作为最初的小请求，会导致更大程度地遵守后来的目标请求。自我披露行为和自我披露强度对个性化促销的购买反应存在正向效应。此外，隐私保证和个性化声明的结合推动了客户的自我披露行为，并增大了自我披露的强度
Pfiffelmann et al. (2020)	多资源理论；公平理论；双重加工理论；认知能力理论；理性行为理论	个性化	求职意愿	视觉注意；感知侵入性；态度说服知识；对广告的态度	隐私担忧	文章研究了一个带有收件人姓名和照片的个性化招聘广告对广告视觉注意力、对广告态度以及最终的求职意图的影响。感知的广告侵入性和态度说服知识可以作为视觉注意力和对广告态度的平行中介，个人隐私担忧是调节因素
Bidler et al. (2020)	隐私计算理论；双重加工模型	文本相关性参数	进入披露过程的意愿	认知加工（预期有意义的参与）；情感加工（预期的享乐参与）	阐述游戏元素的关联性	相关性说明游戏元素通过帮助消费者有意义的参与和增加享乐参与来放大文本相关性参数的积极影响。然而，任意选择仅用于娱乐目的且不传达数据披露目的的游戏元素不会产生这些积极影响
Le et al. (2020)	使用与满足理论；计划行为理论	情境提供；感知激励；诚信；个性化；感知乐趣；感	信息寻求；推荐行为；购买意愿	对基于位置的广告态度		研究结果显示，情境提供、社会便利和广告价值促进顾客积极态度；反过来，态度分别在这些因素与购买意愿、信息寻求以及推荐行为之间的多种关系中起中介作

续表

参考文献	使用理论	前因变量	结果变量	中介变量	调节变量	关键发现
		知侵占风险;社会便利;感知行为控制				用。此外,社会便利刺激作用最强。否则,感知侵占风险会对态度产生负面影响
Smink et al. (2020)	抗拒理论	AR 应用vs.非 AR 应用	应用程序(App)响应;品牌响应	空间存在;感知个性化;感知侵入性		研究结果表明,空间存在和感知个性化可以解释对增强现实应用的积极说服响应。对于用虚拟产品来扩大用户面的应用程序而言,感知个性化增强了购买意图,而感知侵入性具有负面的说服效果。对于在一个人周围展示虚拟产品的应用程序来说,空间存在增强了购买意图,并且没有发现负面的说服后果
Xue et al. (2020)	媒介同步理论	个性化;响应性;娱乐;相互关系;感知控制	社会化商务参与	感知有用性;感知风险;心理距离	对信息影响的敏感性	研究结果表明,相互关系积极作用于有用性感知,对心理距离和风险感知产生消极影响,从而促进社会商务参与。信息影响敏感性调节相互关系和感知控制与社会商务参与之间的关系
Banerjee（2019）		与已知实体（vs.未知的第三方供应商）共享位置数据;环境（移动）参考	个性化接受能力;个性化价值	位置隐私担忧	服务提供商（未知vs.熟悉的第三方）	作者使用汽车 GPS(全球定位系统)和可穿戴设备进行的研究分析发现,数据服务提供商的熟悉度(已知对未知)和地理参考风格(环境对移动)影响位置隐私问题,以及采用已披露位置数据承保的个性化驾驶和健康保险单的可能性
Kang et al.（2019）	隐私计算理论	个性化	持续意愿	感知利益;感知风险;感知易用性;信息披露的感知价值;信任	技术焦虑	研究表明,个性化显著影响感知利益、感知风险和感知易用性。利益感知积极作用于信息披露价值感知,风险感知对其无显著影响。感知信息披露价值和感知易用性与信任相关。信任积极影响使用移动应用程序意愿。技术焦虑对个性化与感知风险之间的关系起显著调节作用

续表

参考文献	使用理论	前因变量	结果变量	中介变量	调节变量	关键发现
Kim et al.（2019）	线下到线上规范转移理论	广告透明度	广告有效性	顾客对个性化利益的隐私担忧	对广告平台的信任	平台披露不可接受的信息流会降低广告的有效性，这是由于消费者对其隐私的相对关注超过了所能提供的个性化需求。当消费者信任平台时，披露可接受的信息流会提升广告效果
Morosan（2019）	隐私计算理论	披露利益；披露风险；社会奖励；（隐私担忧；渴望忠诚）	创建个人资料的意愿	披露价值；披露意愿		研究发现，信息披露利益是信息披露价值的最强预测因子，信息披露价值和隐私担忧影响顾客披露生物特征信息的意愿。反过来，顾客披露生物特征信息的意愿和他们对酒店忠诚的意愿影响了顾客创建个人档案的意愿
Bues et al.（2017）	公平理论	价格促销；位置；个性化；位置×个性化	购买意愿	快乐和兴奋；主导地位；感知价值		作者确定了三个价值驱动因素（价格促销、位置和个性化）均增强购买意愿。但是，价格促销是最不重要的价值驱动因素，而接收移动广告位置是购买意愿的最强驱动因素。位置和个性化之间的交互显著。接近产品的个性化对购买意愿影响不大
Karwatzki et al.(2017)	信息边界理论	重视隐私的倾向；个性化；透明功能	与在线服务共享个人信息	重视隐私的倾向；重视隐私的倾向×透明度特征		研究旨在说明服务个性化、个人隐私评估、透明度特征之间的交互作用对他们披露信息的意愿的影响。与预期相反，没有任何迹象表明提供透明度特征有助于个人信息披露。个性化利益只会让不太注重隐私的消费者信服
Krafft et al.（2017）	隐私计算理论；心理抗拒理论	利益(个人相关性；娱乐；激励；彩票;消费者信息控制)；成本（注册成本;侵入性;隐私问题）	许可	感知广告效益；品牌隐私管理政策	隐私担忧	作者研究顾客选择允许接收个性化信息的驱动因素的影响。发现除彩票参与和金钱激励外，其他几个驱动因素对消费者授予许可的决定有显著影响。隐私担忧减弱了具有娱乐价值的信息内容或与顾客个人相关的信息内容对消费者许可授予的积极影响

续表

参考文献	使用理论	前因变量	结果变量	中介变量	调节变量	关键发现
Morosan & DeFranco （2016）	个性化-隐私理论	个性化；一般隐私担忧；个人创新性	顾客意愿	与 App 相关的隐私担忧；卷入度		文章旨在研究酒店客人如何使用酒店应用程序访问酒店个性化服务。重要的是，个性化和意愿之间的关系阐明了个性化在驱动移动消费者行为中的作用，即使存在隐私担忧。然而，这种关系的程度较低
Aguirre et al.（2015）	认知理论	个性化、信息收集	点击意愿	感知脆弱性	网站可信度	研究证实了企业从社交媒体网站收集信息的策略是决定顾客对在线个性化广告反应的关键因素。当企业公开对信息进行收集时，参与者更愿点击更具个性化的广告，而当企业秘密收集信息时，他们的反应则相反。这种影响反映了当企业采取隐蔽的信息收集策略时，消费者感受到脆弱感。建立信任能够弱化这种消极影响
Bleier et al. （2015）		广告个性化（深度；宽度）	点击率	有用性；抵制；隐私担忧	信任零售商	研究表明，零售商受信任，可凭借窄宽度和高深度相结合的个性化广告提升有用性感知，避免更多的抵制或隐私担忧。另外，信任度较低的零售商，不管个性化广度如何，深度较高的广告并不会被认为更有用，反而会引发更多反应和隐私担忧
Morosan （2014）	技术接受模型	消费者创新性；感知安全	意愿	感知个性化；感知隐私；信任；感知有用性；感知易用性；态度		研究旨在探讨航空旅客使用手机购买辅助航空旅行服务的情形。基于技术接受模型开发了一个全面的结构模型。调查结果表明，对态度影响最大的是感知有用性，其次是感知易用性和信任
Ho et al. （2013）		感知位置准确度（accuracy）；	使用商家服务的意愿	对商家诚实信任；对商家诚	用户隐私担忧	研究结果表明，参与者对位置准确度和位置精确度的感知对诚实信任和诚实不信任

参考文献	使用理论	前因变量	结果变量	中介变量	调节变量	关键发现
		感知位置精确度(precision)		实不信任		都有积极的影响(直接或通过隐私担忧的调节)。诚实信任增强了人们使用个性化移动服务的意图,而诚实不信任则减弱了这种意图
Puzakova et al.(2013)		拟人化的推荐代理	对广告的态度;点击广告的可能性	抵制;提供个人信息意愿	定制化信息	结果显示,当定制信息时,拟人化推荐代理通过消费者不愿提供信息以及对广告心理阻力而负面影响广告态度
Sutanto et al.(2013)		个性化;在个性化的移动应用程序广告中提供隐私安全功能	用户过程满足;用户内容满足			结果表明(与非个性化应用程序相比),个性化或不增加应用程序使用(反映流程满足),只有在隐私安全的情况下,用户才更频繁地保存产品消息(反映内容满足)。用户不愿意为满足内容而保存广告,因为这会导致对信息边界的感知入侵
Zhao et al.(2012)	公平理论	激励条款;互动推广;隐私控制;隐私政策;对立法的认识;之前的隐私侵犯;个人创新性	基于位置信息的披露意愿	外在好处(个性化);内在好处(连通性);隐私担忧		感知成本(用户隐私担忧)和感知利益(个性化和连通性)影响位置相关信息的披露意愿。同时,提供激励和促进互动增强了个性化与连通性。隐私控制和隐私政策都有助于减少隐私担忧。另外,个人对互联网隐私立法的认识会对隐私担忧产生负面影响,而以往的隐私侵犯则不会。最后,个人创新性影响位置相关信息的披露意愿
Beak et al.(2012)	心理抗拒理论	隐私担忧;感知个性化;广告刺激	广告怀疑;广告回避	广告怀疑		结果表明,虽然广告怀疑在广告回避与其三个决定因素(感知个性化、隐私担忧和广告刺激)之间的关系中起部分中介作用,但隐私担忧和广告刺激积极作用于广告回避;感知个性化的增加直接导致广告回避的减少

续表

参考文献	使用理论	前因变量	结果变量	中介变量	调节变量	关键发现
Lee et al. （2011）		个性化；隐私保障；个性化×隐私保障	自我揭露意愿；采纳意愿	感知有用性；隐私担忧		隐私保障巩固能提升服务有用性感知、降低客户隐私担忧。顾客行为反应积极影响服务有用性感知，负面影响隐私担忧。个性化与有用性感知积极作用于购买意图；隐私担忧和个人信息披露意愿无显著关系。
Awad et al.（2006）		性别；教育；收入；先前对网络隐私的担忧；隐私政策的重要性	愿意为个性化服务提供在线简介；愿意为个性化广告提供在线简介	信息透明度的重要性		研究考察了信息透明度特征是否与顾客参与在线分析的意愿有关。研究结果表明，公司正面临一个悖论，因为重视信息透明度的消费者不太可能参与个性化服务。有一部分顾客，即隐私原教旨主义者不愿意参与在线个性化，无论该公司是否实施隐私功能

资料来源：根据个性化和隐私悖论的相关文献整理绘制。

　　首先，在研究对象方面，现有研究更多地关注个性化营销组合的单一方面（如产品、服务、价格和促销等），尚未对解决方案个性化给予足够的重视以及实证检验。多数研究仍是聚焦于个性化广告，如 Le 和 Wang（2020）研究了顾客态度在广告价值、情境提供和社会便利与顾客购买意愿、信息寻求和推荐行为之间的中介作用，发现广告价值正面影响顾客态度，而感知侵犯风险负面影响顾客态度；Kang 和 Namkung（2019）探讨了广告透明度对广告有效性的影响机制，结果发现，平台披露顾客不接受的信息会降低广告有效性，而顾客对平台的信任正向调节平台披露顾客可接受的信息与广告有效性之间的积极作用；Bues 等（2017）检验了移动广告中价值驱动因素对顾客购买意愿的影响，发现接收移动广告位置是最有力的价值驱动因素，而位置与个性化之间的交互显著影响顾客购买意愿；Aguirre 等（2015）发现从社交媒体网站公开收集顾客信息时，顾客对更个性化的广告表现出更大的点击意愿，而秘密收集的顾客反应则相反，顾客感知脆弱性在这一过程中起作用，建立顾客信任可以抵消这种负面影响；Bleier 和 Eisenbeiss（2015）将广告个性化划分为深度和宽度两个维度，发现对于受顾客信任的零售商，提供高深度和窄宽度的个性化广告能够提升顾客感知有用性，而不会增加顾客抵制或隐私担忧，对于信任度较低的零售商，无论宽度如何都不会提升感知有用性，反而会引起更多隐私担忧；Puzakova 等（2013）研究表明，当信息被定制时，拟人化推荐代理对广告态度的影响是负面的，消费者不愿意向拟人化推荐代理提供个人信息以及对广告的心理抵制在其中起中介作用；Beak 和 Morimoto（2012）的研究也证实了感知个性化减少广告回避，而隐私担忧会促进广告回避；Sutanto 等（2013）对移动应用程序情境中的广告进行研究发现，只有在隐私安全的情况下才会满足内容需求而保存个性化广告，这是由于感知信息边界被入侵导致的；Awad 和 Krishman（2006）在探究信息透明度特征与顾客参与在线分析意愿的关系时，发现隐私原教旨主义者不会参与在线个性化（服务和广告）。

其次，已有学者开始关注个性化和隐私悖论这一困境并尝试了一些实证检验，但是研究明显不足，并且两者之间的关系也没有达成统一的结论，存在争议。

（1）个性化和隐私共同作为前因变量或中介变量。例如，Le 和 Wang（2020）研究发现个性化对顾客态度产生正面影响，而感知侵犯风险对其产生负面影响；Smink 等（2020）研究指出对于用虚拟产品来扩大用户面的应用程序而言，感知个性化增强了购买意图，而感知侵入性具有负面的说服效果；Bues 等（2017）验证了接收移动广告位置价值驱动力最强，但个性化对购买意愿的影响微弱，而个性化与位置的交互对顾客购买意愿影响显著；Krafft 等（2017）从隐私计算理论的视角探讨了顾客选择许可接收个性化的驱动因素，其中，个人相关性、娱乐和消费者信息控制促进消费者授予许可，而隐私担忧通过减弱娱乐价值和顾客个人相关性从而负向影响顾客许可授予；Morosan 和 DeFranco（2016）在研究酒店应用程序个性化服务时发现，即使存在隐私担忧，访问个性化服务也促进顾客使用意愿；Morosan（2014）探讨了航空旅客使用手机购买辅助航空旅行服务的情境，结果表明，对顾客态度影响最大的因素是感知有用性、感知易用性和信任，个性化和消费者创新性在此情境中的作用未得到体现；Zhao、Lu 和 Gupta（2012）发现用户隐私担忧、个性化和连通性以及个人创新能力影响位置相关信息的披露意愿，同时，提供激励和促进互动增强了个性化和连通性，隐私控制、隐私政策和个人对互联网隐私立法的认识都有助于减少隐私担忧，而以往的隐私侵犯则不会；Beak 和 Morimoto（2012）的研究也证实了感知个性化和隐私担忧分别对广告回避的正面作用与负面作用。

（2）个性化与隐私交互的影响。Zeng 等（2021）研究发现隐私保证和个性化声明的结合推动了客户的自我披露行为，并增大了自我披露的强度；Kim、Barasz 和 John（2019）揭示了平台对不可接受的信息流进行披露会弱化广告效果，这是由于消费者相对关注隐私超过了所能提供的个性化需求；Bues 等（2017）验证了个性化与位置的交互对顾客购买意愿影响显著；Karwatzki 等（2017）研究揭示，提供透明度特征未能有助于个人信息披露，而个性化利益只会让不太注重隐私的消费者信服；Lee 和 Cranage（2011）发现个性化与感知有用性和购买意图正相关，但对隐私担忧和披露个人信息意愿无影响。

（3）个性化作为隐私的前因变量。Zeng 等（2022）的研究关注两个隐私政策：隐私保证和个性化声明，而声称安全保护的隐私保证会对客户的购买概率和金额产生负面影响，维护个性化利益的个性化声明会积极影响客户的购买概率和金额，隐私担忧在隐私保证对购买反应的负面影响和个性化声明对购买反应的正面影响之间起着重要的中介作用；Aguirre 等（2015）研究证实，当企业在社交媒体网站秘密收集顾客信息时，顾客感到脆弱感，并没有对更个性化的广告表现出点击意愿；Lee 和 Cranage（2011）研究表明个性化对隐私担忧和披露个人信息意愿无显著影响。

（4）与隐私相关变量的调节作用研究。Pfiffelmann 等（2020）研究了一个带有收件人姓名和照片的个性化招聘广告对广告视觉注意力、对广告态度以及最终求职意图的影响，发现广告侵入性和态度说服知识中介视觉注意力与对广告态度之间的关系，而视觉注意对感知侵入性和态度说服知识的影响，对于那些关心自己隐私的人比那些不关心隐私的人更大；Karwatzki 等（2017）发现在线服务提供个性化利益只会让那些不太注重隐私的消费者信服；Krafft 等（2017）的研究表明，隐私担忧减弱了具有娱乐价值的信息内容或与顾客个人相关的信息内容对消费者许可授予的积极影响；Ho 和 Chau（2013）验证了隐私担忧对参与者对位置准确度和位置精确度的感知与诚实信任和诚实不信任之间正向影响的调节作用。

（5）其他调节变量的影响。关于个性化和隐私悖论研究关注的其他调节变量主要是信息敏感性、对服务提供商的熟悉度、技术焦虑以及信任。如 Xue 等（2020）根据媒介同步理论研究发现，对于信息影响敏感性高的顾客，互动性和感知控制对社交商务参与的影响更强；Banerjee（2019）使用汽车 GPS 和可穿戴设备进行的研究分析发现，数据服务提供商的熟悉度（已知对未知）和地理参考风格（环境对移动）影响位置隐私担忧，以及采用已披露位置数据承保的个性化驾驶和健康保险单的可能性；Kang 和 Namkung（2019）考察餐饮行业品牌移动应用提供个性化服务时，消费者技术焦虑强化了个性化服务与顾客感知风险之间的正向关系；Kim、Barasz 和 John（2019）研究发现，顾客对广告平台的信任会强化平台披露可接受的信息流与广告有效性的积极关系；Bleier 等（2015）也验证了零售商更受信任，可凭借窄宽度和高深度结合的个性化广告来提升有用性感知，而不会引起更多的顾客抵制或隐私担忧。

（6）对于个性化和隐私悖论研究的结果变量集中于顾客披露、点击、使用或购买等意愿（Bidler et al.，2020；Smink et al.，2020；Zeng et al.，2021；Zhao et al.，2012）、推荐行为（Le et al.，2020）、顾客参与（Xue et al.，2020）以及购买概率和数量（Zeng et al.，2022）。另外，本书进一步对涉及个性化与顾客满意度之间关系的相关文献进行了梳理，如表 2-7 所示。研究涉及多种情境，如众筹、电子商务/政务、网页设计、在线学习等；现有研究侧重于上述两者之间正向的直接关系，也开始关注潜在的中介机制，如信任、透明度抑或是界面流畅性。因此，关于个性化与顾客满意度之间的影响机制还有很大的价值空间值得深入挖掘。

表 2-7　个性化与顾客满意度的相关文献总结

参考文献	研究情境	关键发现
Devaraj et al. (2006)	电子商务与网上购物	结果表明，电子市场资产专用性和不确定性结构变量与行为结构相关，如时间响应性、个性化、网站设计以及在线渠道的安全性和可靠性。除了网站设计与在线消费者满意度关系不显著，其他变量与渠道的消费者满意度结果显著相关，上述满意度与消费者对在线渠道偏好密切相关
Liang et al. (2006)	个性化内容推荐	个性化服务可以减少信息过载，从而提高用户满意度，但其效果对于动机是寻找特定目标的用户更强。用户显性参与个性化过程会影响用户对个性化的感知，但对总体满意度没有显著影响
Liang et al. (2008)	定制知识管理	作者采用语义扩展的方法，开发了一个基于用户浏览模式的个性化内容推荐系统。研究表明，语义扩展方法在捕捉用户兴趣方面优于传统的关键词方法。正确使用这项技术可以提高客户满意度
Ho et al. (2011)	网页个性化	研究发现：控制推荐的质量，推荐在在线会议的早期阶段呈现，消费者满意度会更高；相比后期静态推荐，后期自适应推荐的消费者满意度更高；对于静态个性化，时间对消费者满意度的综合影响比适应个性化更为负面
Xu et al. (2014)	在线学习	结果表明，个性化电子学习设施在考试、满意度和自我效能标准方面提高了在线学习的有效性。具体而言，设计维度中的个性化过程包括学习过程（learning process）、内容管理（content management）、自我评估管理（self-evaluation management）和即时互动（instant interaction）
Venkatesh et al. (2016)	电子政务服务	结果表明，渠道特征（个性化）积极预测公民使用电子政务的意愿。此外，信任和透明度分别中介与调节渠道特征对公民意愿的影响，并预测公民满意度
Yi et al. (2017)	社交产品搜索	研究结果显示，产品标签帮助用户定位和评估相关替代品，从而提高产品搜索的感知诊断性（diagnosticity），而产品标签整合和社会认可人（socially endorsed people）的访问，使用户能够进行更多的意外搜索。此外，感知诊断性和感知意外发现（serendipity）都对用户决策满意度有正向影响
De Bellis et al. (2019)	跨文化营销	研究结果表明，向西方消费者呈现相同的信息（按属性）是孤立的，但向东方消费者呈现情境化的信息（按替代方式）会提升购买配置产品的满意度和可能性，以及在产品上花费的金额。这些积极的消费者反应是因为"界面流畅性"提升消费者在使用界面时的主观舒适体验
Ma et al. (2022)	众筹	作者同时考虑了众筹项目融资阶段和融资后阶段，研究结果证明，在融资阶段，价格激励对融资绩效有积极影响，而个性化的影响是消极的；在融资后阶段，价格激励对融资后满意度没有影响，而个性化对融资后满意度有正向影响

资料来源：根据个性化与顾客满意度之间关系的相关文献进行整理绘制。

最后，在揭示个性化相关研究的影响机制时，现有研究集中于使用隐私计算理论（Privacy Calculus Theory）、信息边界理论（Information Boundary Theory）、心理抗拒理论（Psychological Reactance Theory）、公平理论（Equity Theory）、计划行为理论（Planned Behavior Theory）等；在研究方法方面，多数对个性化和隐私相关构念之间的直接关系进行了验证，少有中介效应检验（Le et al.，2020；Pfiffelmann et al.，2020；Zeng et al.，2022），尚未发现有调节的中介机制对相关理论关系的探讨与验证；在研究对策方面，目前的文献通常考虑隐私政策、透明度和控制等手段，没有对设计和治理策略给予足够的重视。

综上所述，为了弥补研究缺口，本书将基于在线教育平台研究情境，探讨平台解决方案个性化与顾客满意度之间的关系。同时，考虑到顾客参与和个人信息收集以及共享程度，本书重点考虑解决方案个性化中设计和部署两个维度，以更加细粒度地刻画不同维度的个性化对顾客满意度的影响机制。然后，本书基于价值共创和价值共毁视角，选取顾客心理所有权和顾客数据脆弱性作为两条中介路径，探讨平台解决方案个性化（设计个性化和部署个性化）对顾客满意度潜在的"双刃剑"效应。考虑到个性化的特殊情境结合信号理论和心理契约理论，本书选取消费者地区异质性（城市政商关系）、平台顾客旅程设计（接触点情境敏感性）和平台关系治理作为调节变量，深入探索这些情境因素对顾客心理所有权和顾客数据脆弱性在平台解决方案个性化与顾客满意度之间的中介关系的边界作用是否成立，为平台企业厘清解决方案个性化和隐私悖论，进而提升顾客满意度提供一定的理论指导和实践参考。

2.2.3 个性化中价值共创和价值共毁的相关文献综述

本节对个性化中价值共创和价值共毁的相关研究进行了整理和归纳。

表 2-8 中，个性化中价值共创的研究主要聚焦在顾客参与的共创，只是对于共创的研究重点有所区别。Jain、Paul 和 Shrivastava（2021）将企业与顾客共同创造作为中介变量来探讨使用数字客户端如何实现高度个性化。Kim 和

Slotegraaf（2016）以及 Wang 和 Li（2016）则重点探究共同创造的影响因素。前者关注顾客与企业的动态互动和个性化；后者强调用户特征（领先地位、客户知识和创造性自我效能）和企业支持因素（用户工具包和用户社区）的交互对虚拟产品共同创造的潜在影响。Shen 等（2020）将中国在线旅游社区用户的价值共创行为（参与、个性化和依赖）作为前因变量，探讨该行为通过在线互动对消费者在线信任的影响。

表 2-8　个性化中的价值共创研究

作　者	研究类型	研究发现
Jain et al. (2021)	定量	利用数字客户端扩展时尚行业基于技术的服务采纳模式，客户创新性、共同创造意愿和客户参与度对其通过数字转型共同创造开发新服务的采纳意愿有影响。其中共同创造是使用数字客户端实现高度个性化的中介变量
Shen et al. (2020)	定量	中国在线旅游社区用户的价值共创行为可以概念化为由参与、个性化和依赖构成的三维模型，其价值共创行为通过在线互动对消费者在线信任有效触发
Shin et al. (2020)	定量	在线评论情境下，酒店响应个性化和在线评论效价对授权和意图有影响，共同为以前和未来酒店客人创造知识价值
Kim et al. (2016)	定量	在新产品共同创造过程中，更高程度的动态互动和个性化使消费者能够产生对消费者和公司都有价值的更具建设性的新产品创意或想法
Wang et al. (2016)	定量	通过整合先前用户创新文献的理论和发现，作者研究了如何通过用户特征（领先地位、客户知识和创造性自我效能）和企业支持因素（用户工具包和用户社区）的互补效应来提升客户对虚拟产品的共同创造和个性化表现
Wang et al. (2013)	定量	企业实施两种赋能方法，即定制工具包和用户社区，研究发现工具包具有边际但积极的调节作用，用户社区对领先地位和个性化有效性之间的关系没有显著的调节作用。然而，工具包和用户社区对用户知识与个性化效果之间的关系有显著、积极的调节作用

资料来源：根据个性化中价值共创的相关文献整理。

表 2-9 中，个性化中价值共毁的研究焦点在于造成价值共毁的原因、减少价值共毁以及帮助价值恢复的途径。Sthapit 和 Björk（2021）研究发现服务失败后，客户服务代理缺乏成功恢复的努力以及主人不充分沟通和不道德行为会

造成价值共毁。Kirova（2021）研究发现通过整合技术为游客提供多感官和参与的体验，能够减少价值共毁。而谢礼珊等（2020）则发现，顾客失望在价值共毁与负面口碑传播之间的中介关系受到价值恢复措施的调节作用。

表 2-9　个性化中的价值共毁研究

作　者	研究类型	研究发现
Kirova（2021）	定性	研究结果表明，从管理的角度来看，葡萄酒旅游专业人员应该以有效和非侵入的方式整合技术，为游客提供多感官和充分参与的体验，最大限度地减少价值共毁
Sthapit et al.（2021）	定量	首先，在服务失败后，许多客人经历了价值共毁，因为他们觉得他们的问题未能由客户服务代理适当地及时解决，而服务代理成功努力恢复成为价值共毁的缓解剂。其次，主人的友好行为引发价值共创；主人不充分的沟通和行为失德减弱了客人们的幸福感
谢礼珊等（2020）	定量	文章探讨了定制化旅游价值共毁对负面口碑传播的影响，检验了顾客失望的中介作用以及价值恢复类型的调节作用

资料来源：根据个性化中价值共毁的相关文献整理。

综上所述，价值共创和价值共毁开始受到个性化研究的关注，尤其是个性化中价值共毁的研究不足，没有得到应有的重视。因此，本书综合价值共创和价值共毁视角对个性化进行剖析，具有重要的现实意义和理论意义。

2.3　顾客心理所有权研究

2.3.1　顾客心理所有权的提出和内涵

顾客心理所有权是一个重要的营销概念，其现象在 20 世纪末陆续被营销学者所关注。然而，由于缺乏统一的概念称谓和计量，该领域的研究并没有实质性的进展，直至定义、测量以及实证检验了心理所有权。Pierce 等（2003）

界定心理所有权并系统给出心理所有权的起源、特征、途径及其对员工态度和行为的影响，同时开发了一种能够测验员工心理所有权的量表（Van Dyne et al.，2004）。这些研究为产品价值评价和客户关系研究奠定了重要理论基础。

Pierce 等（2003）将心理所有权定义为"一种心理状态，在这种状态中，个人将目标对象（物质或非物质）或其局部当作'他自己的'"。研究认为，心理所有权与法律所有权有三个主要区别（Pierce et al.，2003）：首先，所有权感是通过与"我的"或"我们的"相关的意义和情感来表达的，关键是对特定目标物的所有权感（Wilpert，1991）。这是两者的根本差异所在。前者侧重于客体的"心理所有权"，后者强调人们可能对某些东西拥有合法所有权，但却从未感知拥有过它（McCracken，1986）。其次，心理所有权是对个体与目标物之间关系的一种反映。在这一关系中，目标物与自我概念密切相关（Wilpert，1991），甚至被个体视为延伸自我的一部分（Dittmar，1992）。法律所有权仅意味着个体对该物的所有权得到法律的承认，其占有、使用、收益、处置等相关权利受到法律的保护（寇燕 等，2018），而不是明确此物对自我概念和自我认同的意义。最后，心理所有权包括认知成分（意识、思考和信念）和情绪成分（能力感、快乐和效能）（Pierce et al.，2003；Beggan，1992；Furby，1978a；Nuttin Jr.，1987），法律所有权却仅涉及认知成分。

在此基础上，本研究中顾客心理所有权是指将平台企业提供的个性化解决方案或局部当作"自己的"的心理状态，强调顾客对个性化解决方案的拥有感。

2.3.2 顾客心理所有权的相关文献综述

1. 顾客心理所有权的影响因素研究

Pierce 等（2003）指出，心理所有权的根源可以从三个主要动机中找到：①效能感（efficacy and effectance）和控制；②自我认同（self-identity）与自我投入、密切了解；③空间需求（having a place）与归属感。

（1）效能感和控制。效能感是对自我能力的信念，回答"我擅长什么"和"我能完成什么"的问题（Leary et al.，2012）。Furby（1978b）认为心理所有权重要的原因是效能动机或控制需要，因为个体倾向于将所有权与控制联系起来，并相信可以从所有权中获得效能感。因此，个体想要赢取一种效能感，对周遭事物实施控制，进而引发对事物的所有权感。随着人们对目标物的控制感的增强，他们相应的拥有感也会增强。占有的动机极大概率在于控制。所有权和随之而来的权利允许个人探索和改变他们的环境，从而满足他们有效的内在需求（Beggan，1991；Furby，1978 a,b）。一个人通过控制或行动会产生效能和快乐的感觉，并在获得某些想要的结果时创造外在的满足感。渴望体验改变环境的因果效能会导致占有的尝试和所有权感觉的出现。已有研究表明，顾客心理所有权通过对产品的触摸、操作和移动、顾客参与、互动等简单的行为引发控制感产生或增强。有学者指出针对即将推出的服装产品，给予顾客对设计风格的选择权比未经授权会使顾客对后续服装产品显露更强的心理所有权，促进他们的口碑传播并增强其付费意愿（Fuchs et al.，2010）。Kirk 和 Swain（2015）研究发现，顾客在使用电子书过程中的互动以及采纳增强现实、可穿戴设备等新技术，均会影响顾客的控制感，进而影响其心理所有权。Sharma 等（2021）研究发现个人层面和情境层面消费者对借款的心理所有权程度的变化，并预测了为自由购买借款的意愿。个人层面对借来的钱的心理所有权区别于如债务厌恶、闲钱和吝啬鬼-挥霍倾向等其他个人因素，它预测了超出这些因素的借款意愿；在情境层面上，作者记录了不同债务类型之间心理所有权的系统性差异。

（2）自我认同与自我投入、密切了解。自我认同即为"个体对自我连续性和一致性的感知"（Erikson，1968），包括用来定义自己的一系列特征、角色和社会群体中的成员身份（Leary et al.，2012），主要是为了回答"我是谁"这个问题。所有物（possessions）也能够成为自我的象征性表达，与自我认同和个体紧密相连（Dittmar，1992；Porteous，1976）。因此，个体利用所有权来定义自己，向他人表达自我认同，并确保自我在时间上的连续性。目标对象的自我投入客体涵盖个体的价值观、资源以及自我信念等，比如参与定制产品的设计。自我与目标物之间的这种联系使个体对特定目标对象具有心理上的所有权（Rochberg-Halton，1979）。虽然 Pierece 等（2003）指出自我投入需要一定的时间，并不会使个体立即产生心理所有权，但 Franke 等（2010）通过对大规模定制中的"我为自己设计"研究发现，将自我投入定制产品能瞬间触发顾客心理所有权。整个过程包括顾客的时间、精力和自我信念的投入，因此，最终顾客自我的一部分与定制产品融合在一起。Wiecek 等（2020）将 3D（三维）打印概念化为一种共同创造的形式，研究发现：自印产品通过增加感知所有权，对产品评价有积极的影响；即使人们无法观察打印过程，这种效应也会发生；自印产品的情感质量对自印产品的正向效应有调节作用，即自印提高了对享乐型产品的评价，但对功利型产品的评价没有影响；成分品牌策略可以抵消实用产品在 3D 打印环境下面临的劣势。Jami 等（2021）指出心理所有权会提升个体自尊，从而鼓励其更加利他，这种影响效应不适用于唯物主义或敏感性较低的个体。一个人对"自己的"感知一部分来自接近、知悉和体验他或她周围的事物。研究发现，可口可乐收藏家对于该品牌的心理所有权源自其收藏行为，品牌对自我的象征，个人投入的时间和精力，以及对品牌相关知识的深刻理解，这为他们带来愉悦感（Slater, 2000）。同样，也有研究表明消费者对于社交或音乐平台的熟悉程度促进心理所有权的增强（Sinclair et al., 2017；Zhao et al., 2016）。

（3）空间需求与归属感。所有权相关心理状态也能够在一定程度上理解为个体拥有某一空间或领域的动机（Duncan, 1981；Porteous, 1976）。Asatryan 和 Oh（2008）发现，顾客对饭店住房或就餐点居家环境的感知体验对顾客心理所有权产生正向影响。

（4）综合性影响因素。Lee 和 Chen（2011）研究了七个可用性因素（易读性、牢固性、连贯性、多样性、神秘性、经典性和表现性视觉美学）与心理所有权的四个前因（认知评价、知觉控制、情感评价、自我投入）、心理所有权和使用意图之间的关系；结果表明，设计一个可使用的虚拟世界，诱导强大的心理所有权是吸引用户花更多时间、参与更多活动，并重新访问虚拟世界的关键，通过将可用资源分配给最具影响力的设计因素，满足他们的特定需求。技术革新正在创造新的产品、服务和市场，以满足消费者持久的需求。这些技术创新在许多方面为消费者和企业创造了价值，但心理所有权也遭到了破坏。

Morewedge 等（2021）揭示了由技术驱动的与心理所有权相关的核心点：①合法使用权（他人拥有和使用的商品和服务）替代合法所有权（私人商品）；②用"流动"体验类替换"固体"物质类商品，它们可能威胁心理所有权，导致转换目标，并构建新的机会来保护心理所有权。这些变化及其影响旨在保留心理所有权的积极后果。

2. 顾客心理所有权的影响效应研究

顾客心理所有权的影响效应分别体现在对产品价值评价的提升以及对产品积极态度的促进。一方面，利用禀赋效应视角的交易营销，顾客心理所有权对目标物的价值评价和支付意愿有正向作用；另一方面，依据占有心理学视角的关系营销，顾客心理所有权对产品依恋和态度、顾客契合和顾客忠诚等均有正面作用。

（1）禀赋效应研究关注重点是对产品价值的评价。顾客心理所有权能够提升产品价值评价的原因之一是损失厌恶。客户参与、客户互动等情境中均已证实这一研究结果（Fuchs et al.，2010；Claus et al.，2012）。有学者进一步发现，禀赋效应中对拥有物的高价值评价关键在于心理所有权而非实际所有权（Reb et al.，2007）。顾客心理所有权会带来更高的价值评价，这必然对顾客的支付以及购买意愿产生积极的影响。Folse 等（2012）指出，社交营销广告引起的消费者对该地区的心理所有权会增强他们对该地区产品的支付意愿，但这种效应会被性别调节，女性对广告请求的怀疑程度导致其更低的支付意愿。Brasel和 Gips（2014）研究不同的触控界面对消费者的影响，两项使用各种触摸技术的实验室研究探索了触屏界面如何增强感知到的心理所有权，而这反过来又放大了禀赋效应：触摸界面还与产品触觉的重要性和实际界面所有权在感知产品所有权方面的影响相互作用，对于触觉重要性高的产品和已拥有的界面的影响更强；研究结果表明，人们对在线产品和营销活动的认知是通过用户使用的界面进行过滤的，与传统电脑相比，平板电脑等触控设备可以带来更高的产品估值。Gineikiene 等（2017）发现国内心理所有权是消费者对国内产品行为的一个强有力的预测因素。换句话说，消费者对国内产品的"我们的"持有共同的信念（情感），并且认为国内产品比国外产品更像是自己的产品。Kirk（2019）

的研究发现由于对宠物增强的心理所有权和由此产生的情感依恋，消费者对狗的经济评价高于猫，这表现在愿意为拯救生命的手术、医疗和专业宠物产品支付更多费用，以及对宠物的口碑提升。Kumar（2019）指出在线品牌社区个体心理所有权和集体心理所有权对顾客参与意图产生积极影响，进而促进品牌购买意愿和正面口碑。

（2）占有心理学。此领域的相关研究指出，拥有物的所有权感知可以激发个体对目标物的自我联系、责任感以及积极态度，从而促使个体保护自己的所有权（寇燕 等，2018）。同样，顾客心理所有权对产品依恋、顾客契合、顾客忠诚等行为发挥正面作用。Kamleitner 等（2015）的研究通过对 323 份调查样本的数据分析发现，顾客对沐浴乳产品的心理所有权与其依恋程度和态度正相关。Fritze 等（2019）检验了物质占有依赖的重要性及其对消费者行为的影响。一旦消费者获得数字服务，他们就会立即产生依恋，并且不愿意放弃这些服务。研究结果进一步表明，顾客对功利数字服务的专有感觉是由于厌恶损失而产生的，而对享乐数字服务的专有感觉则是对数字服务的自觉自我关联。Yuksel、Darmody 和 Venkatraman（2019）研究了消费者参与众包平台工作的影响，他们关注的是消费者对众包产品的心理所有权，以及其在消费者工作和消费者公民之间的关系中所起的作用；利用社会比较理论，消费者感知到的相对他人的工作量是这一解释的边界条件。Peck 等（2021）证明了增加消费者责任而增强的顾客心理所有权有助于公共产品的管理。

2.4 顾客数据脆弱性研究

2.4.1 顾客数据脆弱性的提出和内涵

随着公司扩大收集和使用客户数据的努力，客户越来越担心他们的隐私和潜在的伤害。这些担忧通常被贴上"隐私问题"的标签，尽管隐私的概念相对模糊，无法抓住顾客心理态度的本质，以至于"隐私是一个混乱的概念，没有人能清楚地表达它的意思"（Solove，2003）[46]。顾客数据脆弱性，或客户对其个人数据使用的各种用途导致其易受伤害的感知。它是隐私文献的一个关键构念，因为它推动了客户对公司收集和使用其数据的努力的反应。脆弱性意味着易受伤害（Smith et al.，1997）。企业对个人信息进行收集、存储和使用，将会强化他们潜在的伤害或脆弱感知。因此，数据使用引发的负面客户效应源于客户对其未知的潜在的损害或违规感受的焦虑，并非诸如数据滥用或财务或声誉等实际损害（Scharf，2007）。正如法律观点所认为的，客户在违规时会受到伤害，无论他们的数据随后是否被滥用（Fisher，2013）。因此，捕捉顾客脆弱性的影响至关重要，而不是只关注损害。

Martin 等（2017）沿着潜在危害的连续体描述顾客数据脆弱性。①当公司可以访问客户的个人数据时，存在最良性的形式，即数据访问脆弱性（data access vulnerability）。这种单纯的访问意味着公司拥有"关于人的详细数字档案"，并且可以参与"各种实体之间的广泛信息传输"（Solove，2003）[2]。客户使用反应或拒绝等披露管理流程来限制其共享敏感信息的方式和对象以减少此漏洞（Acquisti et al.，2012）。然而，公司已经拥有并继续积极寻求越来越多的客户信息，因此，数据访问漏洞是客户普遍且日益关注的问题（Tucker，2014）。②数据泄露脆弱性（data breach vulnerability）进一步增加了客户对损害敏感性的看法，因为这意味着已经拥有其私人数据的公司（或其主要竞争对手之一）遭遇了实际的安全泄露。美国身份盗窃资源中心估计，近 1.3 亿条个人记录面临数据泄露风险（www.idtheftcenter.org）。最终，并非所有记录被泄露的人都会受到伤害，但这种威胁的未知范围和缺乏控制使这种类型的脆弱性尤其令客户不安。由于拥有客户数据的公司（焦点公司）的数据泄露，以及间接地由于类似的竞争对手的数据泄露，脆弱性的感知增加，这些事件增强了类似泄露事件的信念的显著可能性。③溢出脆弱性（spillover vulnerability）出现在与拥有其数据的公司类似的公司遭受数据泄露，客户认为更容易受到伤害时。溢出比客户实际使用的焦点公司的数据泄露造成的脆弱性要低。分析师评估了家得宝2014 年数据泄露对股价造成的损害，准确预测了对 Lowe's 的负面影响（Martin et al.，2017）。④当客户数据实际上被滥用时，就会出现数据清单脆弱性（data manifest vulnerability），从而对客户造成伤害。披露和欺诈活动代表了最严重的脆弱性形式，它们超越了脆弱性，进入实际伤害的状态。即使客户遭受的实际损害很小，该事件也会显著增加对数据泄露的看法。因此，最大的影响往往不是源于实际的数据滥用，而是源于伴随的侵犯感和威胁的不确定性（Anderson，2013；Scharf，2007；Solove，2003）。

2.4.2　顾客数据脆弱性的相关文献综述

顾客对隐私问题通常同时经历基于情绪和认知的判断（Richman et al.，2009）。负面情绪可能以伤害的感觉、背叛的精神状态或被侵犯的感觉表现出来（Mills，2010；Williams，2007）。在商业中，顾客的被侵犯感觉以强烈反对的形式出现，与他们更普遍的愤怒和背叛的感觉结合在一起（Marcus et al.，2014）。此外，客户对网络安全的担忧往往会导致信任恶化（Bart et al.，2005；Schlosser et al.，2006；Turner et al.，2003）。因此，顾客数据脆弱性会同时影响违犯的情绪机制和信任的认知机制。Martin 等（2017）研究认为，数据使用透明度向客户提供了公司如何收集、分享和保护他们数据的信息。透明度让客户知道他们向公司提供了什么信息、这些信息是如何被使用的，以及哪些合作公司可能访问这些数据。此外，客户对信息使用和数据管理决策的控制应有助于客户在高脆弱性环境中感到授权，这可能会抑制他们被侵犯的感觉（Kumar et al.，2014；Turker，2014）。有了控制，客户可以决定是否参与某种形式的数据共享，这极大降低了不确定性，尤其当数据访问脆弱性较强时，可以抑制对违规和信任的破坏影响（表 2-10）。

表 2-10　顾客数据脆弱性的相关文献

参考文献	主要发现
	数据访问脆弱性
Bart et al. (2005)	导航和展示、建议和品牌实力是比隐私与安全更有影响力的在线信任预测指标。对于某产品类别，网络信任在网站特征与行为意向之间的中介作用更强
Schlosser et al. (2006)	网站投资和网站设计对信任和购买意愿的作用最强。隐私和安全声明增加了信任的仁慈和诚信维度，但没有增强消费者的网上购买意愿
John et al. (2011)	情境信息，包括侵入性和问卷回答格式的专业外观，鼓励或多或少的客户信息披露。以隐私声明作为启动会减少信息披露
Acquisti et al. (2012)	当客户认为其他人已经披露了越来越敏感的信息时，他们愿意这样做。当被于问卷的开头时（参考随机或结尾），受访者会更自由地披露敏感信息
Schumann et al. (2014)	客户越来越多地接受定向广告，以换取网站的免费服务。客户报告定向广告作为在线货币的一种替代形式，自愿偿还网站的定制和其他营销利益
Tucker (2014)	对于在 Facebook 上使用个性化（非个性化）和定向（非定向）广告的非营利组织来说，当人们能够控制自己的个人隐私设置时，他们对个性化广告的反应更积极
	数据泄露脆弱性
Malhotra et al. (2011)	企业市场价值短期和长期都受到违约的负面影响，但从长期来看更为不利。大公司比小公司遭受更大的市场价值损失，这导致大公司遭受更大的破坏，对较小的公司却没有影响
Hsieh et al. (2015)	数据丢失事件对企业绩效有负面影响。公司应该加大数据安全方面的投入
Sen et al. (2015)	国家级数据泄露披露法可以影响某些行业的泄露风险。由于更大的安全支出增加了泄密的风险，信息技术的资金可能被次优分配
Schatz et al. (2016)	证据表明，数据泄露对绩效不利。当一家公司经历了不止一次的泄露时，这种影响就会恶化
Janakiraman et al. (2018)	研究发现，数据泄露公告大幅降低客户支出。公司的客户从零售商（拥有多个渠道）发生泄露的渠道迁移到未发生泄露的渠道。并且，顾客更容易原谅，如果光顾率较高的话，因其受到的负面影响更低
	数据清单脆弱性
Milne et al. (2004)	调查结果表明，消费者没有充分保护自己免受身份盗窃。鉴于消费者对保护自己免受网络伤害的适当方法缺乏了解，作者呼吁企业和政府加大保护力度
Romanosky et al. (2011)	研究发现，平均而言，数据泄露法规的有效性降低了 6% 的身份盗窃

资料来源：根据 Martin et al. (2017) 文献整理。

由于个性化和隐私悖论的存在，在平台进行解决方案个性化的同时，顾客很有可能基于情绪和认知的判断产生脆弱性，从而产生意想不到的消极影响。因此，本书将顾客数据脆弱性作为隐私担忧的重要表现形式，进一步厘清解决方案个性化潜在的价值共毁影响机制，为平台更好地理解个性化和隐私悖论以及采取有效的应对策略提供理论指导。

2.5　消费者地区异质性研究

2.5.1　消费者地区异质性的内涵和相关文献综述

广义上讲，消费者异质性是指消费者因偏好、风险承受能力、生活习惯和经济实力等方面的不同而产生的个体差异，引起消费者在消费相关行为上的不同。在以往的个性化研究中，学者们更多地关注消费者在个人偏好、需求以及价格和信息敏感性方面的差异性，对消费者地区异质性没有给予足够的重视。例如 Busch（2019）对现行个性化法律的辩论作出了一些贡献：①它展示了信息技术如何在消费者法律和隐私法律中实现个性化披露，以考虑参与者的异质性；②个性化披露应该被视为一种基于反馈机制的学习系统，以不断提高所提供信息的相关性；③作者探讨了合规监控和执行的个性化结果；④随着物联网的到来，至少在数据隐私法方面，可能会通过虚拟个人助理和偶尔的主动选择来实现个性化默认设置。Nair 等（2017）使用个人层面的交易数据来适应消费者对营销努力的反应的经验模型，这些模型将消费者异质性和状态依赖纳入选择，控制企业历史目标规则的内生性，这些模式是为便利赌场运营而定制的，在美高梅国际度假酒店集团的公司中实施并改善了结果。Wang 等（2016）基于个性化分布的预测方法，利用协同过滤（CF）算法生成消费者偏好信息，考虑了消费者多样化的搜索行为。Wattal 等（2012）解释可观察和不可观察的消费者异质性时发现，当公司没有明确（或明确）提到信息的使用时，消费者会作出积极的（或消极的）反应，结果验证了电子邮件个性化的经济效益，突出了消费者对个性化信息使用的关注。

我国幅员辽阔，不同地区自然、经济、社会、文化环境以及风俗习惯和生活方式的差异会导致消费者行为的显著差异。Cui 和 Liu（2000）的数据显示，中国 7 个区域市场消费者在购买力、态度、生活方式、媒体使用和消费模式方面存在显著差异；跨国公司在向内陆地区扩张时需要采取谨慎的方法，必须适应当地市场条件并制定可持续的战略。杜立婷和武瑞娟（2010）探讨了几个城市的不同消费者对国家形象与感知产品质量之间关系的影响作用，结果发现，国家形象情感和认知这两种构念对感知产品质量有显著影响，且地区性差异同样明显。秦勇和李东进（2018）发现消费者对目标区域形象的评价会直接影响其对该区域生产的产品的购买意愿，但在加入产品整体形象和分类形象这两个中间变量后，上述影响关系有不同的变化；研究成果可以帮助营销人员和销售者避免区域形象可能带来的负面影响，从而更好地利用区域形象带来收益。

目前还少有营销学者将消费者地区异质性与个性化的相关研究融合。尤其处于转型期的中国，政商关系作为一种非正式制度，是企业和消费者重要的外部制度环境。此外，中国正在构建以"亲""清"为核心的新型政商关系，这种新型关系的探索，对理解政府与企业之间的界限，以及企业有效管理客户关系具有重要而深远的影响。在面对平台解决方案时，不同地区的消费者可能会依据对政商关系的不同感知，发生与平台之间心理契约的履行或违背，从而影响对平台服务质量或价值的评价。因此，本书从消费者地区异质性的角度选取具有中国特色的城市政商关系这一指标，对于探究政府与平台企业行为的内在关系，厘清政府与市场之间的界限，提高平台有效管理内外部关系具有重要的现实意义和指导意义。但是，新型政商关系被分为"亲近"和"清白"两个维度，不同维度对于平台解决方案个性化影响效应的边界机制有何区别？内在逻辑又是怎样的？这些内容都需要再进行深入挖掘。

2.5.2　新型政商关系的提出和内涵

2016 年 3 月 4 日，习近平总书记看望政协民建、工商联界委员时首次提及新型政商关系并给予了详细的解释，为明确政府与企业的关系发展目标奠定了基础。新型政商关系的构建，对"亲"和"清"概念的把握与理解是关键。政府能做的是：坦诚地与企业往来，在民企遇困时给予恰当的帮助，靠前服务、积极作为；多与企业家交流和指导，以解决实际存在的问题为己任，帮助民营企业经济得到发展。同时，政府需要或必须做的是：把握好界限，不能徇私舞弊和以权谋私，确保清白做事，杜绝钱权交易。企业要做的是：与政府主动沟通，同时，遵纪守法，光明正大，说实情、走正道，洁身自好。总的来说，新型政商关系体现为亲且有度、亲却有规，是中国特色社会主义政商关系的前进目标，为净化、营造出良好的营商环境贡献了重要力量。一些专家、学者也给出了各自对新型政商关系的理解与实现途径。祝捷（2017）从"权力围猎"现象出发，指出新型政商关系的构建，需要推进健全权力分配运行机制，全面从严治党，标本兼治。林建（2018）突出领导干部在构建新型政商关系中的不作为、乱作为和新官不管旧账三种角色冲突表现形式，强调其准确地进行角色定位，实现与民营企业家之间两利、两安的关系构建。邓凌（2016）深入剖析了过去政商关系症结，并指出了"亲"和"清"对政商关系的构建出路：有度、有序以及有束。

2.5.3　城市政商关系的内涵和相关文献综述

城市政商关系是一种特殊而复杂的社会关系，它反映了城市在履行行政和经济职能过程中政府与企业、官员、商人之间的互动特征（杨典，2017）。对于 2020 年的新冠肺炎（COVID-19）疫情，全球经济损失不可估量，但中国却表现出强大的经济韧性，这无疑得益于新型政商关系带来的营商环境的持续改善。聂辉华等全面评估中国 290 多个城市，给出了《中国城市政商关系排行榜2020》报告，归纳总结全国各地区营商环境过往成就、改进现有不足，鼓励继续良性竞争发展，并寻求中国经济韧性来源，为世界各地经济恢复和增长提供中国"特色经验"。该报告给出了详细的指标体系("亲近"指标和"清白"指标），用于对中国城市新型政商关系的评价。报告结果再次验证了政商关系的地区差异性，并在此基础上进一步给出了具体的政策建议。

虽然新型政商关系从提出伊始便受到了各界的极大关注与讨论，但实证研究明显不足。Wang 和 Zhang（2021）率先探索并验证了新型政商关系对供应商和顾客企业之间关系所产生的影响：顾客特权通过供应商信息和知识分享而对供应商绩效所产生的间接效应，受到了政商关系"清"的正向调节，而政商关系"亲"则呈现显著的 U 形调节作用。周俊、张艳婷和贾良定（2020）也基于中国上市公司的经验数据，探究了不同城市的新型政商关系与企业创新之间的关系：关系"亲近"和关系"清白"这两者对企业创新均有促进作用，同时，相比国有企业，上述两种关系指标更加显著地促进非国有企业的创新绩效。徐凯歌（2020）基于 1 014 家中国上市科技中小企业 2015—2018 年的相关数据，揭示了科技创新券对企业创新绩效存在正向且显著影响；融资约束弱化了两者之间的正向关系，而新型政商关系（"亲"和"清"）则强化了两者之间的积极影响。王皓然（2019）的研究表明，政商关系通过三种机制对中国区域经济增长产生影响：①影响国有企业和私营企业投资目标及效率；②影响企业家精神配置，进而对企业家创新创业行为产生影响；③通过影响融资支持等相关政策，从而影响存续期企业的生存发展。研究结果发现，政商关系越健康，对区域经济增长促进作用越强（表 2-11）。

表 2-11　城市政商关系健康指数的相关文献回顾

参考文献	研究情境	研究发现
Wang et al. (2021)	营销战略	供应商信息和知识分享对顾客特权与供应商绩效之间的关系起中介作用，并且上述中介关系受到城市政商关系"亲"的 U 形调节，同时，政商关系"清"强化了上述间接效应
周俊 等（2020）	企业创新	城市政商关系"亲近"和关系"清白"均与企业创新绩效存在正向关系，但是这种积极作用受到企业类型的调节作用，即非国有企业在这两种关系指标下创新绩效更好
徐凯歌（2020）		科技创新券促进企业创新绩效，这一正向关系受到融资约束（新型政商关系）的负向（正向）调节作用

参考文献	研究情境	研究发现
王皓然（2019）	区域经济发展	在中国，政商关系促进区域经济增长的途径在于：提升企业（包括国有和私营）投资效率和目标、企业家创业创新行为以及相关政策支持

资料来源：根据城市政商关系健康指数的相关文献整理绘制。

2.6 顾客旅程设计研究

2.6.1 顾客旅程设计的提出和内涵

随着时间推移，理解客户体验及其旅程对企业而言极为关键。客户通过不计其数的接触点（可能存在于多种媒介和渠道中），体验更具社会化。潜在客户接触点的激增和对体验控制的减少要求公司整合多种业务功能，包括信息技术、服务运营、物流、营销、人力资源，甚至外部合作伙伴，以创造和提供积极的客户体验。因此，对于公司来说，创建、管理和尝试控制每个顾客旅程及其体验变得日益复杂且艰难（Edelman et al.，2015；Rawson et al.，2013）。

在顾客旅程中，现有研究表明可以识别不同的客户接触点（Baxendale et al.，2015；De Haan et al.，2016）。目前确定了四类客户体验接触点：社交/外部/独立、客户所有、品牌所有、合作伙伴所有。客户可能会在其体验的各个阶段与这些接触点类别中的每一个进行交互。根据产品/服务的性质或客户自己的旅程，每个接触点类别的强度或重要性在每个阶段可能会有所不同。一旦它们被识别出来，公司就需要确定如何影响关键接触点。结合本研究的在线教育情境，这里重点考虑品牌（平台）自有接触点（由企业设计、管理并进行控制）。例如，广告、网站、忠诚度项目，产品、价格、服务和销售人员特征等。营销建模人员意识到这些接触点对销售和市场份额的影响。产品和服务属性感知对顾客满意度的影响在文献中已经得到了关注（Baker et al.，2002；Berry et al.，2002；Oliver，1993）。此外，品牌接触点（如直销和忠诚度计划）对其绩效的影响备受瞩目（Dorotic et al.，2012；Venkatesan et al.，2004；Verhoef，2003）。总的来说，现有研究有关顾客旅程设计对客户个性化体验产生影响的文献极其有限。

2.6.2　顾客旅程设计的相关文献综述

在数字化市场中，对顾客旅程设计的有效评估日益成为获取顾客价值的重要途径。有效的顾客旅程设计被 Kuehnl 等（2019）划分为三种维度，分别为接触点的主题凝聚力、主题一致性以及主题情境敏感性。

（1）接触点的主题凝聚力是指消费者认为多个接触点共享一个品牌主题或体验主题的程度（例如，苹果：简单；亚马逊：网上购物），有助于识别品牌作为实现特定生活方式、目标或欲望的相关选择。品牌主题锚定在所有接触点，嵌入基本的价值主张，并在所有品牌拥有的接触点散发出相同的品牌含义（Keller et al.，2006）。换句话说，接触点高度主题凝聚力支持客户更容易地将多个接触点处理成语义知识方案，将品牌与他们特定的生活方式、活动或欲望联系起来。重要的是，为了保持有效性，添加到顾客旅程中的新接触点应该对现有接触点表现出高度的主题凝聚力（如亚马逊的配送车队）。

（2）接触点的主题一致性是指在设计语言、沟通信息、交互行为、过程和导航逻辑方面，消费者在其顾客旅程的多个接触点上感知品牌统一设计的程度（Duncan et al.，2006；Keller et al.，2006）。这一维度促进了通过顾客旅程来实现特定的生活方式、目标或愿望的过程。它通过简单的识别、评估和检索多个品牌接触点的信息来促进学习，从而帮助消费者快速识别一个品牌（Batra et al.，2016；Puccinelli et al.，2009）。例如，通过在货车上印有"微笑"标志，亚马逊在客户旅途中保持了接触点的一致性。此前，UPS（联合包裹运送服务公司）或 FedEx（联邦快递）的快递服务展示了自己的标志和企业与客户的互动行为，打破了这种一致性。Halvorsrud 等（2016）提出一个基于顾客旅程的框架，从客户的角度对服务交付进行结构化描述。服务交付期间的四种类型的偏差被识别：临时接触点的出现、逻辑连接的接触点序列中的不规则性、接触点中故障的出现、接触点的缺失。顾客旅程分析（customer journey analysis，CJA）似乎有效地揭示了问题和不一致的服务交付，这可能导致不利的客户体验。Rosenbaum 等（2017）将客户研究与顾客旅程地图（customer journey mapping，CJM）流程联系起来，并向管理人员展示如何开发一个客户路线图来改善客户在每个接触点的体验，从而提出了一个解决 CJM 难以驾驭的复杂性的方案；通过案例研究展示了客户研究如何帮助商场的战略管理团队了解哪些接触点对客户体验至关重要；它还显示了每个接触点的关键战略计划，导致旨在推进商场服务创新的跨职能投入。Hu 和 Olivieri（2021）的目的是考察酒店企业如何在其营销策略中考虑旅行者顾客旅程的各个阶段来管理社交媒体；作者通过采访两家酒店公司的关键人员进行了多案例研究，结果讨论了激活的主要接触点及其各自的目标，强调了社交媒体在旅行者顾客旅程所有阶段的使用日益增加。

（3）接触点的主题情境敏感性是指消费者在多大程度上认为品牌拥有的多个接触点对他们的特定目标、情境、偏好和活动具有响应性与适应性（例如，情境的敏感信息提供、自我定制、客户灵活性）（Epp et al.，2011）。它使公司能够提供适合个体消费者环境的个性化顾客旅程（Payne et al.，2005），并帮助客户根据他们当前的环境、偏好或活动更为容易地与品牌自有接触点进行交互。情境敏感性有助于提高顾客目标和品牌产品之间的契合度（Patrício et al.，2011）。因此，这个维度在顾客旅程中促进了便利、控制和降低风险的观念。例如，根据消费者对将包裹退回亚马逊的偏好，他们可以自己打印包裹邮资，通过电子邮件将包裹邮资发送给朋友，或者在他们选择的快递服务柜台使用QR（快速反应）码。Yachin（2018）利用案例研究提供了一家瑞典微型旅游公司对顾客旅程的深入观察。研究结果表明，产生关于体验目的的知识的可能性取决于公司赋予体验类似品质的接触和促进顾客转变为参与者的能力。公司还可以从用户生成的内容中了解客户对价值的主观感知。George 和 Wakefield

（2018）研究的目的是模拟基于准入的会员服务从首次购买到完全会员的消费者旅程。特别是该研究关注客户拥有的接触（购买行为）和服务拥有的接触（销售人员语音和文本通信），确定阻碍和推动客户成为完全会员的因素。调查结果显示，随着客户越来越多地拥有承诺的接触，他们准备进入下一个层次——但很少跳过关系旅程中的主要步骤。服务公司接触客户的数量、类型和时间可能会阻碍或推动客户购买完全会员资格。Demmers 等（2020）认为，推动消费者参与社交网站品牌帖子的因素取决于顾客旅程的阶段。研究发现，信息性的帖子在消费前阶段会获得更多的喜欢、分享和评论，而娱乐性的帖子在消费后阶段会获得更多的消费者参与。品牌帖子的活跃程度越高，在消费前、消费后阶段的参与度就越高，但在消费阶段则不然。最后，在顾客旅程的所有阶段都支持最佳的活跃程度。因此，随着时间的推移，品牌可以通过调整其在社交网站上的内容来适应顾客旅程的阶段而受益（表 2-12）。

表 2-12　顾客旅程研究的相关文献综述

作　者	研究类型	研究发现
Tax et al. (2013)	定性	作者给出了服务交付网络（SDN）的概念，指出管理者需要了解自己在顾客旅程的服务过程中所扮演的角色，参与帮助客户建立和管理 SDN，或理解他们如何适应自行设计的 SDN
Anderl et al. (2016)	定量	作者通过引入新的归因框架，评估了"顾客旅程"中每个渠道对营销成功的贡献程度以及渠道相互影响方式，此研究可以帮助制定整合的网络营销策略
Lemon et al. (2016)	定性	作者将客户体验概念化为一个构念；尝试结合已知的顾客旅程和客户体验管理，确定未来研究的关键领域
Voorhees et al. (2017)	定性	作者将核心前服务接触（pre-core service encounter）、核心服务接触（core service encounter）和核心后服务接触（post-core service encounter）定义为服务体验中的不同时期，提出了在这些时期内和跨越这些时期重要的研究问题以及人员服务经验
Barwitz et al. (2018)	定性	作者以汽车保险客户为研究对象，发现全渠道顾客旅程本质上是个性化的，但受适用于任何单一互动、排序效应和顾客旅程模式的影响
Herhausen et al. (2019)	定量	通过顾客旅程中特定接触点的使用对客户进行了细分——以商店为中心的购物者、务实的在线购物者、广泛的在线

作　者	研究类型	研究发现
Herhausen et al. (2019)	定量	购物者、多重接触点购物者以及从线上到线下的购物者。他们接触点和移动设备的使用、细分协变量以及搜索和购买模式都有很大的不同。研究有助于零售商制定特定细分市场的顾客旅程策略
Kuehnl et al. (2019)	定量	作者对有效的顾客旅程设计进行了定义和维度划分。研究结果表明，有效的 CJD 通过品牌态度对顾客忠诚的积极影响超过品牌体验通过品牌态度对顾客忠诚的积极影响。并且，有效的 CJD 对功利性品牌态度的影响更大，而品牌体验对享乐性品牌态度影响更大
Kranzbühler et al. (2019)	定量	作者研究了品牌外包以减少接触点对品牌评价的负面影响。品牌可以减少不满意接触点的有害影响。品牌外包效应超越了消费者的责任归因。相反，品牌外包降低了消费者在心理上将焦点品牌与外包接触点联系的程度，导致了品牌评价的转变。一个强大的第三方品牌并不总是比较弱的第三方品牌更有益
Grewal et al. (2020)	定性	顾客旅程具有非线性和循环特征，涵盖顾客认知、情感和行为反应
Hollebeek et al. (2020)	定性	作者将虚拟现实顾客旅程（VRCJ）定义为企业使用计算机介导的交互环境，提供感官反馈、吸引消费者、加强消费者/品牌关系，并在顾客旅程的任何阶段驱动预期的消费者行为
Hu et al. (2021)	定量	作者确定了四种不同的顾客旅程。调查显示，大多数保险客户采用多渠道搜索行为。相反，大多数顾客旅程是在个人渠道（即保险代理）中完成的。结果显示，多渠道旅程反映了顾客需要收集更多的信息，对购物创新以及购物便利的偏好
Rudkowski et al. (2020)	定性	研究定义并试图理解基于市场的弹出式窗口如何适应客户的旅程和体验，并探讨接触点所有权和影响力如何阐明对基于市场的弹出式顾客旅程的理解。此外，研究可视化地绘制和建模购买阶段、接触点类别和基于市场的弹出式顾客旅程类型
Santana et al. (2020)	定性	在顾客旅程的每个阶段，他们会遇到不同类型的数字信息，包括预算、价格、产品属性、产品数量、产品评级、品牌名称中的数字、健康和营养信息、财务信息、时间相关信息等。作者确定了不同类型的评估策略，以便顾客用来评估数字信息
Siebert et al. (2020)	定性	一个占主导地位的平稳旅程模式使客户生活更轻松，建立忠诚度循环；另一种黏性旅程模型使客户生活变得激动人心，增加参与性螺旋。企业需要与旅程类型相匹配

作　者	研究类型	研究发现
Hamilton et al. (2021)	定性	作者强调了旅伴和决策者之间的社会距离是影响旅程的重要因素。社会顾客旅程强调不同阶段内和跨阶段的研究机会，并给出了与组织参与社会顾客旅程相关的营销含义，包括管理影响者、塑造社会互动和部署技术
Tueanrat et al. (2021)	定量	针对全渠道零售中复杂的顾客行为和顾客旅程，研究结果证实了除信息寻求和唤起外，各阶段和购后阶段的探索因素对顾客旅程满意度的显著性影响。分析表明，顾客共同创造行为、顾客反应和顾客体验价值对顾客旅程满意度的影响在三个客户细分市场中各不相同。热图突出了每个细分市场客户中最具影响力的因素

资料来源：根据顾客旅程研究的相关文献整理绘制。

在客户购买或者体验的过程中，客户能够接触并使用多个接触点，每个接触点的客户购买和其他行为都会受到这些关键点间接抑或直接的作用。因此，本书充分考虑顾客旅程的情境特征，选择接触点情境敏感性（context sensitivity of touchpoints）作为调节变量之一，来验证其对于平台解决方案个性化与顾客满意度之间价值共创和价值共毁机制的边界作用，为平台企业更有效地进行顾客旅程设计提供参考和借鉴。从顾客体验过程的角度来看，首先，企业应该寻求掌握该过程中客户的看法、观点、意见，确定每个阶段的核心。其次，企业需识别在整个过程中出现的特定元素或接触点。最后，企业应该尝试确定特定的触发点，引导客户继续或停止他们的购买旅程。

2.7　关系治理研究

2.7.1　关系治理的提出和内涵

关系治理是在社会关系矩阵中嵌入私人和公共信息流，并非通过合同甚至是由第三方（如法院）强制执行来提高交易绩效（Uzzi，1999）。关系治理中的参考点是随着时间的推移而发展的一组关系规范（如果有一个初始书面协议，各方可能遵守，也可能不遵守；Macneil，1978；Williamson，1985）。交易双方经常忽视合同在技术上正确的法律含义，这些合同经常被正在进行的关系规范修改、补充或完全取代（Macaulay，1963）。人们普遍认为，规范描述了适当的行为准则，以加强交换中的社会义务（Heide，1994；Heide et al.，1992）。共同的规范和价值观是关系交换的标志（Brown et al.，2000），本质上是双方理解并认可彼此的期望且在一个社会化过程中发展起来。关系治理经常被称为"关系主义"（Antia et al.，2001；Gundlach et al.，1995；Noordewier et al.，1990）。它也被称为"非正式的自我实施治理"（Dyer et al.，1998）和"程序治理协调"（Sobrero et al.，1998）。营销研究人员借助 Macneil（1980）的研究对关系契约这一概念进行规范化操作。关系治理结构被视为一个多方面、潜在的综合构念（Brown et al.，2000；Noorderwier et al.，1990）。其假设是，低阶因子（关系规范）可以组合成一维交换连续体（Cannon et al.，1999）。因此，Macneil（1980）认为关系契约规范的不同表现表明了交易-关系连续体的移动过程。关系强度这个词也被用来表示关系规范在交换中出现的程度（Paulin et al.，1997）。更高级别的关系治理与各方之间更多的交互有关，而较少强调正式契约。

2.7.2　关系治理的相关文献综述

从关系交换理论的角度来看，企业共同遵守的关系规范的约束以及相互信任对于双方交易绩效的提高、机会主义行为的减少意义非凡（Liu et al.，2009）。信任是指相信交易伙伴在交易过程中保持诚信、正直，并能够考虑到对方利益（Das et al.，1998；Zaheer et al.，1998）；关系规范用来指代双方共同遵守如协作、信息分享和共同决策等行为规范（Cannon et al.，2000；Heide et al.，1992）。共同的规范和良好的信任经由自我强化的约束来保护组织间的交易、合作（Cannon et al.，2000）。因此，当交易和合作需要良好的沟通、信息共享、共同解决问题和决策时，关系治理机制可以发挥积极作用（Poppo et al.，2002）。然而，关系治理也有其自身的问题：首先，关系治理受到模糊性的限制（Weitz et al.，1995）。双方可能会对规范有不同的理解，没有明确的定义，导致合作问题。其次，建立和维持良好的关系需要更多的时间和资源（Das et al.，1998；Dyer et al.，1998）。最后，过度关系治理可能引发双方过度投资和承诺，进而导致对方的机会主义行为（Dyer et al.，1998；Wuyts et al.，2005）。Zhong 等（2020）探讨了关系治理对产品创新的影响机制，以及法律和技术适宜性机制的调节作用；基于 121 家中国高技术平台领军企业问卷调查数据的实证研究发现：首先，关系治理的两个维度对产品创新具有不同的影响，联合规划对产品创新具有正向影响，而联合问题解决与产品创新呈现倒 U 形关系；其次，知识产权强化了联合规划对产品创新的影响，而合同和接口标准化削弱了联合问题解决与产品创新之间的倒 U 形关系。Poppo、Zhou 和 Zenger（2008）研究发现，交换风险，特别是资产专用性和难以衡量的绩效，削弱了关系治理和绩效的积极联系；并且，关系治理在各方依赖于重复的伙伴关系时也会导致相关绩效收益下降，这与对嵌入关系的黑暗面的调查一致。学者们呼吁人们注意合作买方-供应商关系的阴暗面。例如，客观性的丧失、关系惯性和过多协作产生的冗余知识库可能会导致绩效下降。Villena 和 Choi（2021）通过调查潜在调节机制的可行性来扩展这条研究线：确定挑战性的目标、契约的明确性和连续性的期望三种机制，结果为具有挑战性的目标和契约的明确性提供了支持，对连续性的期望提供了混合的结果，揭示了围绕黑暗面的管理复杂性。

在线教育平台解决方案个性化更加重视对顾客的关系治理。然而，在平台为顾客提供个性化交易中，关系治理是否真的能够提高顾客满意度？现有研究还未涉及，因此需要进一步深入探讨平台关系治理对于解决方案个性化与顾客满意度之间关系的真实影响。

2.8　本　章　小　结

　　首先本章对本书的理论基础进行了回顾与评述。本书的理论基础包括：价值共创与价值共毁、信号理论、心理契约理论。其次，本章对个性化和解决方案的概念内涵、个性化和隐私悖论、顾客心理所有权、顾客数据脆弱性以及消费者地区异质性、顾客旅程设计和关系治理的相关文献进行了回顾和述评。对上述内容的梳理，为本书提炼概念模型和推导理论假设提供了重要支持。

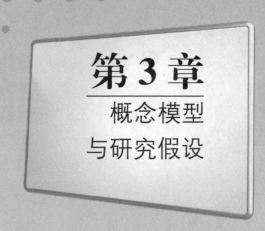

第 3 章
概念模型
与研究假设

3.1　概　念　模　型

在为顾客进行解决方案个性化时,平台面临着价值共创(顾客心理所有权)和价值共毁(顾客数据脆弱性)的两难困境。为解决此难题,本书构建了图 3-1所示的概念模型。具体而言,本书以在线教育平台为研究背景,从价值共创和价值共毁的研究视角出发,围绕解决方案个性化中面临的实践难题,基于信号理论和心理契约理论,拟对以下研究问题进行深入剖析。

3.1.1　平台解决方案个性化对顾客满意度的价值共创机制

基于价值共创视角,共同创造是指一个公司和它的客户是相互联系的,为客户的个性化利益创造独特的服务和产品,客户在这个过程中扮演着共同创造者的角色(Prahalad et al., 2008;Vargo et al., 2008)。它是一种帮助公司提供定制服务和提高客户满意度的现象(Lusch et al., 2010),并对采纳意向(Carbonell et al., 2009;Fernandes et al., 2016;Wang et al., 2006)、

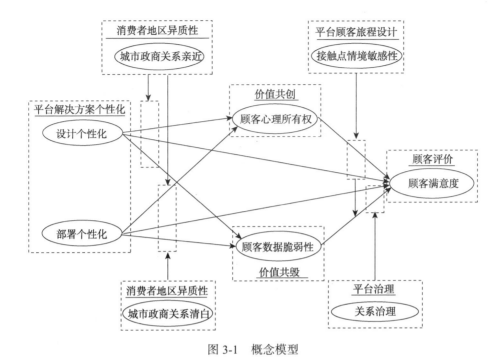

图 3-1　概念模型

顾客满意度、顾客服务、购买意愿以及再购买意愿有着巨大的影响（Fernandes et al.，2016；Franke et al.，2006；Hoyer et al.，2010）。顾客心理所有权是本书价值共创机制的重点。

　　在本研究背景下，顾客心理所有权指的是顾客将个性化解决方案当作"自己的"的一种心理状态，强调对个性化解决方案的拥有感（寇燕 等，2018）。具体而言，平台在为顾客进行解决方案个性化时，顾客心理所有权强调拥有感，一方面会给解决方案带来更高的价值评价，另一方面会促进其对解决方案的依恋以及顾客契合，从而提升顾客满意度。因此，本书提出，平台解决方案个性化通过促进顾客心理所有权来提升顾客满意度。

3.1.2　平台解决方案个性化对顾客满意度的价值共毁机制

　　基于价值共毁视角，系统中行动主体之间的互动过程也可能会造成价值共毁。价值共毁能够有效阐释个性化和隐私悖论问题。

顾客数据脆弱性是本书价值共毁机制的重点。数据收集工作可能增强客户的数据脆弱性，或由于对其个人数据的不必要使用而产生容易受到伤害的感觉，如数据泄露或身份盗窃可能导致的伤害。因此，解决方案个性化中关注顾客数据脆弱性的潜在影响至关重要。顾客数据脆弱性，或顾客对其个人数据的各种使用导致其易受伤害的感知，是隐私文献的一个关键构念，因为它促使顾客对公司收集和使用其数据的努力作出反应。顾客数据脆弱性会对其情感和信任产生不利影响。顾客通过限制他们自己如何以及与谁共享敏感信息，抵制或拒绝使用披露管理流程以降低这种脆弱性（Acquisti et al.，2012）。

在本研究背景下，顾客数据脆弱性指的是顾客在体验个性化解决方案时，平台对其个人数据的各种使用导致其易受伤害的感知。具体而言，平台在为顾客定制个性化解决方案时，收集和使用顾客数据会使顾客产生脆弱性，由此产生情感侵犯和认知不信任，从而负面影响顾客满意度。因此，本书提出，平台解决方案个性化通过影响顾客数据脆弱性，负向影响顾客满意度。

3.1.3　调节变量及其调节机制

从企业实践来看，平台解决方案个性化对顾客满意度的价值共创机制和价值共毁机制取决于一些关键边界条件。本书基于信号理论和心理契约理论，探讨了消费者地区异质性（城市政商关系亲近和城市政商关系清白）、平台顾客旅程设计（接触点情境敏感性）在上述价值共创机制中所起到的调节作用。同时，本书对平台解决方案个性化（设计个性化和部署个性化）与顾客满意度之间的价值共毁机制是否受到消费者地区异质性、平台顾客旅程设计以及平台关系治理的调节作用进行了剖析。因此，为平台企业应该如何强化价值共创机制以提升个性化收益，以及如何弱化价值共毁机制以规避隐私担忧风险提供有利指导。

3.2 研 究 假 设

3.2.1 平台解决方案个性化与顾客满意度

在平台企业实施个性化的过程中，不同阶段对顾客满意度的影响有所不同。具体来说，顾客满意度是指企业有效利用顾客数据和平台知识与技能等资源提供创新、高质量的解决方案并满足客户特定需求（Powers et al.，2016；Siahtiri et al.，2020）。本研究将重点从平台解决方案个性化的设计和部署两个维度展开研究。

（1）平台解决方案设计个性化与顾客满意度。平台解决方案设计个性化是指平台协助顾客共同确定问题解决的能力和限制条件，并通过系统地寻找解决方法共同设计新的解决方案（Siahtiri et al.，2020）。在此阶段中，平台企业与顾客沟通获取顾客需求和建议，令顾客参与共同设计平台解决方案，系统地解决最适合顾客内部条件和外部条件的具体问题。如中国知名的成人教育领域专家粉笔职教 App，在公务员考试辅导方面取得了良好的口碑，尤其是其精品一对一课程。首先，粉笔平台会专门安排粉笔备考辅导员与学员一对一沟通，了解其所要报考的公务员考试类型（国考、省考以及地级市考试），进一步根据学员个人备考时间以及课程开课时间推荐课程类型（精品全程班、精品系统班、精品冲刺刷题营以及精品系统强化班），通过学员个性化需求和限制条件的详细沟通，确定最终一对一课程类型，完成缴费后，正式进入平台精品一对一课程。在开课前，粉笔平台会先给个性化课程学员分配4位专属老师，分别属于不同备考科目（申论、常识、数量关系和资料分析、言语和逻辑判断），并选其中一人作为班主任，除针对特定科目辅导外，还需要负责学员整体解决方案的规划、安排、实施以及反馈、及时调整。然而，许多因素可能导致信息过载，如信息数量、信息质量和信息格式以及顾客创意数量和多样性、时间等（Ho et al.，2001；Grisé et al.，1999）。公务员考试覆盖范围广、考点多，平台解决方案设计个性化可以通过提供准确的推荐，减少信息过载。例如，粉笔班主任在课程进行前，会安排学员参加针对性的模拟考试，根据学员线上测试成绩以及各模块的得分情况，系统自动记录下学员的初始水平以及现阶段的强项和弱项，并在此基础上个性化地定制课程服务计划（包括直播课程以及课前、课后每日推送和测试），一般以 7 天为一个周期，并且在每周末会有模考大赛，根据模考大赛的成绩制定下一个周期的每日推送内容；再结合各科专属老师每日及时反馈的学员建议和要求，也会微调后几天的推送内容。平台个性化服务通过精准定位每一位学员的个性化需求，减少信息过载，从而提高了用户满意度。同时，顾客参与会促进顾客对解决方案个性化过程中的自我表达、创新性和感知控制感（Allen et al.，2018；Auh et al.，2019；Fuchs et al.，2013；Kaiser et al.，2017；Kumar et al.，2019），从而带来积极评价。共同设计使顾客更容易体验到有用性、响应性、乐趣、互动服务和关系质量等感知价值提升（Krafft et al.，2017；Le et al.，2020；Xue et al.，2020）。另外，平台以顾客为中心，为顾客量身定制解决方案，提供核心利益（Tuli et al.，2007）、特殊对待（De Wulf et al.，2001）、地位提升（Drèze et al.，2009），有助于顾客特权感的获得（Wetzel et al.，2014），这些都会提升顾客满意度。

（2）平台解决方案部署个性化与顾客满意度。平台解决方案部署个性化是指将定义最终解决方案的详细参数（或规格）提供给顾客；若部署过程中出现新的顾客要求，平台需要对其进行修改以符合顾客的新需求（Siahtiri et al.，2020；Tuli et al.，2007）。随着解决方案进入部署阶段，顾客参与极大地提升了服务过程的不确定性（Hsieh et al.，2005）；员工面临着控制感和权利丧失以及任务复杂性提升等情形（Chan et al.，2010）；而顾客因期望和需求不一致和不匹配造成的角色冲突、缺少相关的知识和经验造成的角色模糊以及员工期望和要求超过顾客本身所具备能力时产生的顾客超负荷感知等都会造成顾客倦怠情绪（张广玲 等，2018），同时，确定性（certainty）是顾客对一致性进行主观评估的结果（Homburg et al.，2012），不一致性有效地诱发了主观矛盾心理（Lu et al., 2021），降低了顾客的确定程度，从而减少顾客满意度。例如，粉笔平台每日推送内容（即学习任务）不同，由浅入深、由易到难，分别涵盖考情分析与指导、精品积累、课前必学、名师直播课、精品挑战、精品专项突破、精品学习周报以及精品模考诊断、练习报告等。具体而言，考情分析与指导着重对公务员考试近 5 年各个模块的必考考点和高频考点的题型数量与所占比重的统计分析；精品积累是对于重难点知识的视频微课以及课后练习和巩固；课前必学是对直播课程相关知识点的预习，包括视频微课和配套讲义、练习；名师直播课是分模块直播课程、课后巩固练习以及即时生成的智慧课堂学习报告综合评级，包括听课信息（课程总时长、参与时间、迟到时间、中途退出直播间次数）以及互动情况（文字互动以及听课标记）；精品挑战允许精品班学员在规定有效时间内参与特定知识点比赛，按照正确率和答题用时进行排名；精品专项突破是针对重难点进行巩固和提升的练习；精品学习周报由专属班主任进行推送，包括当前周和上一周基本情况（听课时长、做题数量以及预测分数）和任务情况以及对比变化的情况，还包括班主任对一周学习情况的总结和建议；精品模考诊断需要学员在规定时间内完成考试，考试后可查看试卷并被分配专属老师进行试卷分析，给出反馈以及接下来的复习建议；练习报告提供了练习题目的类型、难度系数、题目总量（答对、答错以及未答）、总用时和全部或错题解析选项（包含单题作答时间、平台全站正确率、正确答案解析和易错项、考点以及收藏错题功能），并根据个人作答情况推荐相关课程（免费或低价优惠）。由此可知，平台解决方案部署个性化前期阶段，专属老师虽然按照设计个性化阶段制订计划推送每日任务，但是学员是否做、什么时间做（很多学员会在老师下班时间留言）、究竟如何做（学员存在不够专注、不认真的情况），这些任务，专属老师都无法控制，教学任务越来越复杂，造成工作效率降低；而学员刚开始进行相关课程模块的学习，知识掌握不牢固，测试成绩不稳定（有些题目可能会做但是做错，也可能是完全不会恰好做对），自身可能会陷入定位不清晰、角色模糊甚至丧失信心产生放弃备考思想的困境；平台依据学员的模糊反馈以及不稳定的答题情况，制定的后续推送任务极大可能出现与学员实际水平不吻合的情况。以上因素均会导致顾客满意度降低。

随着解决方案部署的深入，员工和顾客互动频率提高，顾客需求逐渐明确，顾客与员工或平台建立了关系，平台定位越发精准，员工也能有效推进任务安排、提升工作效率，双方在心理和行为上控制感提升（Rodie et al.，2000），甚至对于服务可能存在的失败结果，顾客也会和自己联系起来，从而减少对平台企业的不满（Bendapudi et al.，2003），同时对服务补救的满意程度也越高（Dong et al.，2008）。随着粉笔精品一对一课程服务的开展，学员参与课程学习的时间和效果都有了极大的提升，对自身擅长和薄弱的知识点有了清晰的认识，明确了专项复习重点，成绩测试结果稳中前进；平台得到了更加真实、准确的学员成绩水平，推送内容更加匹配学员动态变化的个性化需求；员工逐渐熟悉并掌握了学员的学习情况和节奏，交流沟通顺畅，能够给出及时、正确的反馈和建议，并进一步推进工作任务。当然，复杂的部署过程中难免存在学习任务重复、答案解析不够规范和精简等情形，但良好的关系可以降低学员的不满意程度。这些都有利于提升学员的学习效果（答题时间缩短、正确率以及预测分数提高），进而提升他们的满意度。因此，本书提出：

假设1：平台解决方案个性化会影响顾客满意度。

假设1a：平台解决方案设计个性化正向影响顾客满意度。

假设1b：平台解决方案部署个性化U形影响顾客满意度。

3.2.2 平台解决方案个性化与顾客心理所有权

在本书中，顾客心理所有权指消费者将平台企业提供的目标物（个性化解决方案）或其一部分视为"自己的"的心理状态，强调其对解决方案的拥有感（Pierce et al.，2003）。并且，Pierce 等（2003）进一步提出三种方式有助于产生心理所有权：控制、自我投入和亲密了解。①自我投入与促进心理所有权的自我认同有关。平台为顾客进行解决方案个性化时，需要顾客参与、互动，顾客对解决方案的自我投入包括时间、精力、个体信息和自我信念等，从而促使解决方案成为顾客自我延伸的一部分。Franke 等（2010）指出顾客对定制产品的自我投入，如顾客利用网络定制工具通过自己创意设计产品，最终将定制产品与自我相融合。Wiecek 等（2020）研究发现 3D 自印产品通过增加所有权，对产品评价产生积极的影响。如粉笔在线教育情境中，学员通过参与学习过程（课前预习、名师直播课、课后巩固练习），从而对平台提供的个性化解决方案产生心理所有权，并且使平台获取了个人的相关科目测试成绩、错题记录等（可以看作个人信息）。②对事物的认识和了解是个体将其与自我融合的方式之一（Belk，1988）。人们对事物信息了解得越透彻，就越能够深刻地感受到它，并在这一过程中建立自己与事物的联系（Pierce et al.，2003）。Sinclair 和 Tinson（2017）发现消费者对音乐/社交平台的亲密了解都会强化心理所有权。同时，当顾客与公司、品牌或其员工建立友谊关系时，其内在自我的扩张动机会影响他们与品牌或产品的自我联系，进而强化顾客对它们的心理所有权（Kou et al.，2017）。正如粉笔职教 App 精品一对一课程的推进，使学员逐步掌握了公务员考试的核心考点，并且根据自身实际情况识别出短板，进而弥补短板、巩固优势。学员对课程的深入了解，势必会强化学员对个性化课程的心理所有权。③人们对事物控制感增强提升效能感，进而激发心理所有权。在平台进行解决方案个性化时，顾客参与共同设计，使顾客控制感知增强，从而影响顾客心理所有权。Moon（2006）发现博主通过实施个性化行为，如博客中设置评论的相关功能、发布、编辑有关的文字以及图片等，产生的控制感强化其心理所有权。粉笔职教 App "圈子"包含不同讨论的话题，其中在"精品学习中心"，学员在"圈子"发表文字和图片呈现取得的成绩（模考测试结果）和复习经验（"对于一笔画有了新的理解，新的方法完全摆脱了数奇点这样浪费时间的方式，能领会其中奥义必然令人顿悟"）、对自己的鼓励（"让追求成为一种下意识，成为必然的选择，成为一种本能""精品班，我会更好的""终将上岸""冲鸭""再努努力呀"）、对专属老师的评价（"老师很负责，鼓励我督促我学习，及时提醒给出建议""授课清晰易懂、督学专业负责、课程安排科学"），通过这些增强的控制感促使心理所有权进一步强化。综上所述，本书提出：

假设 2：平台解决方案个性化正向影响顾客心理所有权。

假设 2a：平台解决方案设计个性化正向影响顾客心理所有权。

假设 2b：平台解决方案部署个性化正向影响顾客心理所有权。

3.2.3　顾客心理所有权与顾客满意度

在本书中，顾客心理所有权强调消费者对解决方案的拥有感。一方面，顾客心理所有权能够带来更高的价值评价（刘建新 等，2020；Morewedge et al.，2009），这是由于顾客因厌恶损失（禀赋效应）而提升对所拥有解决方案的价值评价感知。另一方面，心理所有权与占有密切相关。占有心理学相关研究表明，顾客对解决方案的占有与所有权感知会激发他们对目标物（解决方案）的自我联系和积极态度等（寇燕 等，2018），也可能激活自我意识，让顾客有更强的领地感和熟悉感，而更熟悉的产品会让顾客产生更强的发言权和自信心，甚至超越客观性，增强其自我重要感以及提升自我概念或者社会形象（Dubois et al.，2016；Kirk et al.，2018；Tan et al.，2015；Weiss et al.，2013），也会提升个体自尊（Jami et al.，2021）。并且，有研究也表明顾客心理所有权会促进对产品依恋、关系意愿、关系质量以及顾客契合（Asatryan et al.，2008；Kamleitner et al.，2015；韩小芸 等，2013；张德鹏 等，2020）。在体验平台个性化过程中，一旦顾客对解决方案形成某种"拥有感"，就会引发上述心理和态度（如自尊、自我概念、自我重要性、积极价值评价、自我联系、产品依恋、顾客契合和关系质量等），这些在很大程度上都会提升顾客满意度。例如，粉笔 App 精品一对一"圈子"的学员留言："很庆幸遇到了粉笔，让我一路跟着学就 OK 啦""入班 40 分，二模已经 80 分了，争取三模 85，真正考试的时候能保 80 争 85"。因此，本书提出：

假设 3：顾客心理所有权正向影响顾客满意度。

3.2.4　顾客心理所有权的中介作用

基于以上对平台解决方案个性化、心理所有权和顾客满意度的分析，发现平台解决方案个性化通过心理所有权的感知价值评价和占有激发的对解决方案的自我联系、产品依恋等，对顾客满意度提升起到了有效作用。具体而言，Xu 等（2014）、Yi 等（2017）以及 De Bellis 等（2019）研究发现，个性化会对顾客满意度产生积极影响。但本书提出，平台解决方案个性化的不同维度对顾客满意度的影响是有所区别的。平台解决方案设计个性化和顾客满意度的关系与以往研究结果保持一致；而平台解决方案部署个性化则 U 形影响顾客满意度。相关研究表明，心理所有权是消费者满意的重要前因（Jussila et al., 2015）。同时，顾客参与平台解决方案个性化时，促使顾客提高自我投入，实现自我延伸、熟悉和控制感，从而增强顾客对个性化解决方案的心理所有权。因此，基于价值共创视角，本书提出：

假设 4：顾客心理所有权在平台解决方案个性化与顾客满意度之间起中介作用。

假设 4a：顾客心理所有权在平台解决方案设计个性化与顾客满意度之间起中介作用。

假设 4b：顾客心理所有权在平台解决方案部署个性化与顾客满意度之间起中介作用。

3.2.5　平台解决方案个性化与顾客数据脆弱性

在线平台交易的发展提升了与信息披露相关的脆弱性，因为人们和组织可以在未经信息所有者同意的情况下滥用个人数据（Arachchilage et al., 2014）。个人数据对于在线平台交易的成功和持续至关重要，但任何形式的数据泄露都可能给消费者造成重大的经济损失，因为敏感数据可能被网络犯罪嫌疑人获取和随意出售。卡巴斯基网（Kaspersky.com, 2020）称，2019 年全球 2% 的在线交易存在欺诈，总体而言，16% 的交易被归类为高风险交易，因为它们未经授权即可访问。网络犯罪嫌疑人获取消费者数据并将其放到暗网，在暗网中，持有额度为 10 000 美元的银行账户的访问信息通常以 25 美元的价格出售，额度在 1 000~5 000 美元之间的信用卡信息可以以大约 10 美元的价格获得（Damiani, 2020）。在美国，63% 的人表示他们不了解组织的隐私政策、相关法规以及如何保护自己的个人信息（Auxier et al., 2019）。在本书中，顾客数据脆弱性是指顾客在体验平台个性化数字解决方案时，平台对其个人数据的各种使用导致其易受伤害的感知（Martin et al., 2017）。数据收集工作可能提升平台顾客的数据脆弱性，如数据泄露或身份盗窃可能导致的伤害。对顾客产生的负面影响主要是由于对其潜在的数据误用的焦虑和违规的感觉，而不是实际的数据误用（Scharf，2007）。随着在线平台个性化定制的崛起，对数据隐私相关问题的研究变得越来越重要，保护和维护消费者数据免受未经授权访问相关的风险造成了脆弱性，并对消费者的福祉造成有害影响（Jansen et al., 2018）。探索这种脆弱感的影响之所以重要，在于它促使客户对在线平台收集和使用其数据作出回应。情感侵犯捕捉了顾客的负面影响，源于对平台企业未能尊重其安宁、隐私或其他权利的看法（Grégoire et al., 2008）。相反，认知信任是顾客愿意依赖他们信任的平台企业（Palmatier，2008）。顾客限制他们如何以及与谁共享敏感信息，抵制或拒绝使用披露管理流程以减少自身的这种脆弱性感知（Acquisti et al., 2012）。

特别地，平台进行解决方案设计个性化时，需要顾客提供实时、大量的数据或信息帮助其确定解决问题的能力、限制条件和方法（Siahtiri et al., 2020）。粉笔职教 App 需要顾客使用电话号码或者邮箱进行注册并登录，同时，分配的一对一粉笔辅导员使用企业微信号与顾客进行沟通，根据报考的考试类型（国家或地区公务员考试以及其他事业单位考试），确认适合的课程。因此，该过程中顾客对数据隐私的关注、数据脆弱性的感知超过了其对个性化利益或者价值的感知，由此产生强烈的情感侵犯和认知不信任。而随着平台解决方案部署个性化的深入，一方面，顾客与平台企业员工之间的关系得以建立并且信任逐渐增强，如粉笔公考一对一课程专属老师每天会通过文字、图片、学习内容链接和语音通话等方式布置学习任务，并与学员互动沟通、获取反馈情况，实时把握学习进度，调整学习计划和安排，为学员查漏补缺提供良好的学习规划和提醒；另一方面，顾客随着加大自我投入、提高对解决方案的熟悉度，感知控制感也逐渐增强，如粉笔公考一对一精品班学员按时完成专属老师推送的每日学习任务（包括课前预习、名师直播课、精品积累、挑战和专项突破等），获得练习报告（答题时间、错题及解析、特定考点等），实时掌握自身复习备考水平，明确自身优劣势情况，调整复习备考侧重点、难点等。这些促进了对解决方案价值感知的强化，顾客数据脆弱性逐渐弱化。因此，本书提出：

假设 5：平台解决方案个性化会影响顾客数据脆弱性。

假设 5a：平台解决方案设计个性化正向影响顾客数据脆弱性。

假设 5b：平台解决方案部署个性化倒 U 形影响顾客数据脆弱性。

3.2.6 顾客数据脆弱性与顾客满意度

从客户的角度来看，包含个人和财务信息的数据泄露可被视为违反社会契约和服务失败（Malhotra et al.，2011），对客户与公司的关系产生负面影响。仅 2020 年，工业和信息化部就点名通报了 20 多款教育类 App 存在泄露个人信息，对青少年造成了不良的影响。平台在为顾客进行解决方案个性化时，不可避免地需要收集顾客数据，因此很有可能提升顾客的数据脆弱性，如数据泄露或身份盗窃可能导致的伤害，甚至包括感知到的，但并非实际发生的数据滥用或者声誉损害造成的伤害。例如，粉笔职教 App 需使用顾客电话进行注册，并且通过电话号码获取验证码才能登录系统。同时，顾客还需要提供详细的收货地址，用于接收纸质版讲义和其他备考资料。这些个人信息的收集和获取，会提升顾客数据脆弱性，进而提升消费者的风险信念（谢毅 等，2020），削弱他们的认知信任，造成情感侵犯（Martin et al.，2017）。最直接的行为表现是顾客降低其信息披露意愿以降低这种脆弱性，如回避、抵制或拒绝甚至是提供错误信息（Acquisti et al.，2012）。MacInnis 等（1991）研究发现，倾向于更深入地处理信息的顾客会对沟通信息进行更深思熟虑的评估，从而导致更强硬的态度。顾客对于其数据资源的提供不足或滥用导致平台所提供的解决方案与其实际情况不匹配，从而影响其学习效果，如粉笔公考学员在进行一对一课程学习时，未能及时完成每日学习任务、每周模考等测试，平台因此无法获取详细、准确的信息生成学习报告（包括预测分数、各模块的能力提升情况以及仍需突破巩固的考点），从而影响下一周期的学习安排和学员复习进度与效果，最终会影响顾客满意度。因此，基于价值共毁视角，本书提出：

假设 6：顾客数据脆弱性负向影响顾客满意度。

3.2.7 顾客数据脆弱性的中介作用

基于以上对平台解决方案个性化、顾客数据脆弱性和顾客满意度的分析，发现平台解决方案个性化通过提升顾客数据脆弱性增加对风险感知、情感侵犯、认知不信任以及降低信息披露意愿等消极行为表现，负向作用于顾客满意度。前文中，平台解决方案设计个性化因精准定位顾客需求、减少信息过载以及提高顾客控制感、感知价值和员工工作效率等，对顾客满意度具有积极影响；但也因个性化解决方案的制订需要顾客的个人数据而提升了顾客数据脆弱性。平台解决方案部署个性化的前期，顾客参与提升的不确定性引起平台定位不清，员工任务复杂、效率低下，从而降低了顾客满意度，随后因互动频率的提高和双方关系的加深，顾客满意度又得到了提升；同时，平台解决方案部署个性化深入推进过程中，因双方信任增强以及顾客感知价值的提升，部署个性化与顾客数据脆弱性之间呈现倒 U 形曲线关系。而 Acquisti 等（2012）提出，数据脆弱性因增强消费者对数据泄露等风险感知，导致信任缺乏抑或情绪侵犯而导致的数据资源滥用或错配，最终引发顾客不满。因此，基于价值共毁视角，本书提出：

假设 7：顾客数据脆弱性在平台解决方案个性化与顾客满意度之间起中介作用。

假设 7a：顾客数据脆弱性在平台解决方案设计个性化与顾客满意度之间起中介作用。

假设 7b：顾客数据脆弱性在平台解决方案部署个性化与顾客满意度之间起中介作用。

3.2.8 消费者地区异质性的调节作用与有调节的中介效应

由于平台解决方案个性化是为消费者个体量身定制的，不同的消费者具有不同的特征，所以消费者异质性是不可忽视的关键影响因素。政商关系是中国情境下特别值得关注的重要变量，所以本书将聚焦于消费者地区差异性（根据城市政商关系进行区分）。城市政商关系是一种特殊而复杂的社会关系，它反映了一个城市的政府和企业、官员和商人在履行行政和经济职能过程中的互动特征（杨典，2017）。2016 年 3 月 4 日，习近平总书记在看望参加政协会议的民建、工商联委员时，提出将新型政商关系概括为"亲"和"清"，为政府与企业交往限定了边界，政府官员与企业家既要相互"亲近"，又需彼此保持"清白"。具体来说，政商关系"亲近"要求政府官员和企业家强化双向沟通，政府官员积极主动地帮助解决企业家面临的实际困难，而企业家贡献于经济和社会发展；政商关系"清白"要求政府确保执法和行政的透明度，官员廉洁，企业家守法，杜绝"权力和金钱交易"（Wang et al.，2021）。本书认为平台解决方案个性化与顾客满意度之间的关系（直接关系和间接关系）会受到消费者地区差异性的调节，具体机理如下。

1. 消费者地区异质性（城市政商关系亲近）的调节作用

根据信号理论，信号在环境因素（包括内部和/或外部）影响下，由信号发送者将其发送给信号接收者，并由信号接收者对信号作出反馈（Connelly et al.，2011）。在此过程中，信号接收者注意和解释发挥的作用不可小觑，信号接收者会根据自己的实际需要过滤对实现自己目标有用的信息（Drover et al.，2018）。据此可知，城市政商关系能够释放出企业与政府之间关系良好的信号。在政商关系亲近较高的地区，政府官员与平台企业家沟通顺畅，而且政府致力于积极帮助平台企业解决实际困难。一方面，政商关系亲近表明平台企业获得了合法性和良好的声誉，得到了政府的认可（刘林，2016），增强了消费者信任，有助于强化消费者与平台企业之间心理契约的感知和履行（Rousseau，2001）；另一方面，这也向消费者释放出企业更可能依赖政府及其提供的资源和优惠政策（如税收和财政补贴、融资等）的信号（周俊 等，2020），从而弱化了消费者与平台企业之间的心理契约感知，甚至促使消费者发生心理契约违背（Gong et al.，2021；Liu et al.，2020），降低消费者对解决方案个性化过程中"特权感"的获取，进而影响对服务质量以及感知价值的评价（Chopdar et al.，2018；Zhao et al.，2019）。信号的有效性部分取决于接收者的特性，接收者对环境的关注和获取信号的灵敏度定义为接收者注意（receiver attention）（李超平 等，2019）。Gulati 和 Higgins（2003）探究了投资者对不同类型不确定性的关注，会影响其对给予初创企业支持和合作的相对价值的判断。同时，不同接收者对信号的解读也存在一定的差异，"校准"信号并赋予其不同的意义和强度。因此，消费者对信号感知有强弱之分，也有消极与积极之别（Branzei et al.，2004；Gulati et al.，2003）。如 Tumasjan 等（2021）将推特情绪作为一种新的弱信号与专利作为传统的强信号相结合，对科技型初创企业进行估值；彭红枫和米雁翔（2017）分别指出了融资平台股权众筹项目的积极信号（如项目描述）和消极信号（如项目不确定性）。所以，本书认为，相比城市政商关系亲近释放的增强消费者心理契约履行的积极信号，其所传达的导致消费者产生心理契约违背的消极信号作用更强。消费者作为信号接收者，他们的注意力更容易集中于该信号可能产生的负面影响上。因此，本书假设消费者地区异质性（城市政商关系亲近）负向调节平台解决方案设计个性化与顾客满意度之间的直接关系以及顾客心理所有权在平台解决方案个性化与顾客满意度之间的中介效应。

假设 8：消费者地区异质性（城市政商关系亲近）调节平台解决方案个性化与顾客满意度之间的关系。

假设 8a：消费者地区异质性（城市政商关系亲近）负向调节平台解决方案设计个性化与顾客满意度之间的直接关系。

假设 8b：顾客心理所有权在平台解决方案设计个性化与顾客满意度之间的中介效应受到消费者地区异质性（城市政商关系亲近）的负向调节。

假设 8c：顾客心理所有权在平台解决方案部署个性化与顾客满意度之间的中介效应受到消费者地区异质性（城市政商关系亲近）的负向调节。

此外，政商关系作为非正式制度，是对正式制度的重要补充，对企业与政府之间的互动关系也形成一种约束和规范（Zhou et al.，2017）。因此，在政商关系亲近程度较高的地区，也释放出政府对企业实施监管认证的信号，企业迫于监管压力，对于消费者的个人数据等隐私信息也会进行有效的保护和合理的利用，消费者出于对政府的信任而给予平台企业更高的信用认可，从而削弱自身对数据被侵害的风险感知。因此，平台解决方案设计个性化与顾客数据脆弱性之间的正向关系受到消费者地区异质性（城市政商关系亲近）的负向调节。进一步地，本书从两方面来解释消费者地区异质性（城市政商关系亲近）弱化了平台解决方案部署个性化与顾客数据脆弱性之间的倒 U 形关系：①在平台解决方案部署个性化初期，如前文所述，消费者地区异质性（城市政商关系亲近）弱化了平台解决方案部署个性化与顾客数据脆弱性之间的正向关系；②随着平台解决方案部署个性化的逐渐深入，消费者地区异质性（城市政商关系亲近）释放出的企业更可能依赖政府的信号通过弱化消费者与平台企业之间的心理契约，削弱了顾客与平台及其员工之间逐渐积累的信任，消费者地区异质性（城市政商关系亲近）也弱化了平台解决方案部署个性化与顾客数据脆弱性之间的负向关系。因此，结合假设 7，本书提出以下假设：

假设 8d：顾客数据脆弱性在平台解决方案设计个性化与顾客满意度之间的中介效应受到消费者地区异质性（城市政商关系亲近）的负向调节。

假设 8f：顾客数据脆弱性在平台解决方案部署个性化与顾客满意度之间的中介效应受到消费者地区异质性（城市政商关系亲近）的负向调节。

2. 消费者地区异质性（城市政商关系清白）的调节作用

同上，城市政商关系有助于释放企业与政府之间关系良好的信号。在政商关系清白程度较高的地区，政府透明度和政府廉洁度较高。具体来说，政府透明度是指"透明政府所达到的层次或者说程度"；从信息流视角，透明政府可以理解为"政府与社会之间所形成的一种信息流通系统，该系统蕴含两种机制：信息发布和信息反馈。此两种机制均要求政府向社会以及公民公开有关信息，同时建立相应的反馈机制并将之制度化，令社会和公民能够依序且依法参与政府决策"（张建 等，2015）。而政府廉洁度则要求"有关部门及其工作人员秉公执法，不得滥用职权谋取私利"（Chizema et al.，2019）。政府透明度和廉洁度的提升促使政府公信力增强，与私人间的信息不对称程度降低，与企业间的信任程度提高（Grimmelikhuijsen et al.，2013），降低甚至抑制了企业事前寻租以及政府事后寻租的可能性（Jiménez et al.，2018）。已有不少研究从反面论证了政府透明度缺乏或降低的消极结果，包括：腐败和寻租滋生（Del Sol，2013；Kolstad et al.，2009），私人个体的投资和消费决策困难（辛兵海 等，2015），等等。这些无疑降低了企业进行政治关联的交易成本（刘谊 等，2004），促使企业将更多的人力和物力运用在平台运营与个性化解决方案的供应上。因此，高政商关系"清白"向消费者释放出平台企业会降低构建政治关联的投入，加大对于平台主营业务的资源与精力合理配置的信号。这在一定程度上强化了消费者对平台企业心理契约履行的感知，进而提升了其对"特权感"以及服务质量的感知。因此，本研究认为消费者地区异质性（城市政商关系清白）正向调节平台解决方案部署个性化与顾客心理所有权之间的关系。

同时，本研究认为地区政商关系清白通过以下两种机制调节平台解决方案部署个性化与顾客数据脆弱性之间的关系。①地区政商关系清白程度越高，政府官员的自由裁量权越小（聂辉华 等，2018），会向消费者释放出企业不太容易将大量资源投入寻租活动，以便与官员构建利益同盟，从而在行政检查以及司法调查甚至定罪过程中得到特殊对待的信号（周俊 等，2020）。这极大地增强了消费者对平台企业的信心，弱化了对数据潜在泄露以及滥用风险的感知，进而弱化了平台解决方案部署个性化与顾客数据脆弱性之间的正向关系。②随着平台解决方案部署个性化的深入，消费者不断提升的"特权感"促使其期望企业付出额外努力，进而弱化了其在个性化过程中对定制价值的感知，因此在一定程度上弱化了平台解决方案部署个性化与顾客数据脆弱性之间的负向关系。综合前文中所提出的顾客心理所有权和顾客数据脆弱性分别在平台解决方案部署个性化与顾客满意度之间的中介效应，本书提出：

假设 9a：顾客心理所有权在平台解决方案部署个性化与顾客满意度之间的中介效应受到消费者地区异质性（城市政商关系清白）的正向调节。

假设 9b：顾客数据脆弱性在平台解决方案部署个性化与顾客满意度之间的中介效应受到消费者地区异质性（城市政商关系清白）的负向调节。

3. 消费者地区异质性的联合调节作用

本研究认为地区政商关系清白调节平台解决方案部署个性化与顾客满意度之间的关系可以从以下两个方面来解释：①由前文可知，在政商关系清白程度较高的地区向消费者释放出平台企业会降低构建政治关联的投入，加大对于消费者的资源与精力的信号，从而强化消费者对平台企业心理契约履行的感知，强化顾客"特权感"，高特权感顾客更容易因未达到定制预期而感到不满，即使是由于其自身角色模糊、超负荷等问题造成的。因此，地区政商关系清白强化了平台解决方案部署个性化与顾客满意度的负向关系。②随着解决方案部署的深入，顾客与员工或平台建立了关系，心理和行为上的控制感提升（Rodie et al.，2000）。另外，平台企业通过与顾客关系的加强，增进了对顾客"特权感"的认知，意识到并付出更多努力以达到顾客期望，进而提升了顾客满意度。因此，地区政商关系清白强化了平台解决方案部署个性化与顾客满意度的正向关系。但在政商关系亲近程度较高的地区释放出企业更可能依赖政府的信号，弱化了消费者与平台企业之间的心理契约，降低了消费者对解决方案个性化过程中"特权感"的获取。因此，本书提出：

假设 10a：消费者地区异质性（城市政商关系清白）正向调节平台解决方案部署个性化与顾客满意度之间的 U 形关系。

假设 10b：消费者地区异质性（城市政商关系亲近）削弱了消费者地区异质性（城市政商关系清白）对平台解决方案部署个性化与顾客满意度之间 U 形关系的增强效应。

3.2.9　平台顾客旅程设计的调节作用与有调节的中介效应

在本书中，结合个性化研究情境，平台顾客旅程设计选取接触点情境敏感性这一维度。具体而言，接触点情境敏感性是指顾客认为平台拥有的多个接触点对其特定目标、情境、偏好和活动具有响应性和适应性的程度（例如，情境敏感的信息提供、自我定制、客户灵活性）（Epp et al., 2011）。在体验解决方案个性化的过程中，顾客能够接触并使用多个接触点，顾客在这些接触点的个性化体验行为都会受到"关键点"直接或间接的影响。如 Herhausen 等（2019）通过对顾客旅程中特定接触点的使用对顾客进行了细分，探讨了这些顾客在移动设备的使用、搜索和购买模式等方面的差异性。Rudkowski 等（2020）探讨了基于市场的弹出式窗口如何适应顾客旅程和体验，并探讨了接触点所有权和影响力如何阐明对基于市场的弹出窗口顾客旅程的理解。接触点情境敏感性使平台公司能够提供适合消费者个性化旅程的环境（Payne et al., 2005），并帮助顾客根据他们当前的环境、偏好或活动更便利地与平台的各个接触点进行交互。接触点情境敏感性有助于提高顾客和平台解决方案之间的契合度（Patrício et al., 2011）。例如，在线教育平台课程学员能够轻松获取与课程学习目标相关的信息（如前期考试模块的学习、模拟测试和后期职位报考指导等），作出更方便的选择（Singh et al., 2020）。由此可知，接触点情境敏感性促进了顾客旅程中对便利、控制和风险降低的感知。因此，本书认为平台解决方案设计个性化与顾客满意度之间的直接关系受到接触点情境敏感性的正向调节作用，顾客数据脆弱性与顾客满意度之间的关系受到接触点情境敏感性的负向调节作用。

然而，Halvorsrud 等（2016）明确识别出顾客旅程中服务交付可能存在的偏差：临时接触点的出现、逻辑连接的接触点序列中的不规则性、接触点中故障的出现和接触点的缺失，这可能导致不好的顾客体验。平台顾客旅程设计对员工工作也提出了极大的挑战，尤其是对于在线教育一对一课程学习的特殊情境，需要员工及时对多个接触点作出准确回应，由于角色压力可能引发的员工倦怠等负面情绪很大程度上会对顾客体验造成消极影响。George 和 Wakefield（2018）也指出了公司接触顾客的数量、类型和时间可能会阻碍顾客最终购买服务的决定。同时，不同类型的顾客与平台接触的时间有所差别。如粉笔公考的学员有在校学生，也有一大部分是在职备考人员，只能是在下班以后利用有限的时间与平台进行接触，很可能因处于员工休息时间而没有得到有效反馈，从而弱化了顾客心理所有权与顾客满意度之间的关系。因此，结合前文中关于顾客心理所有权和顾客数据脆弱性在平台解决方案个性化（设计个性化和部署个性化）与顾客满意度之间的中介效应假设，下列假设得以提出：

假设 11：平台顾客旅程设计（接触点情境敏感性）调节平台解决方案个性化与顾客满意度之间的关系。

假设 11a：平台顾客旅程设计（接触点情境敏感性）正向调节平台解决方案设计个性化与顾客满意度之间的直接关系。

假设 11b：顾客心理所有权在平台解决方案设计个性化与顾客满意度之间的中介效应受到平台顾客旅程设计（接触点情境敏感性）的负向调节。

假设 11c：顾客心理所有权在平台解决方案部署个性化与顾客满意度之间的中介效应受到平台顾客旅程设计（接触点情境敏感性）的负向调节。

假设 11d：顾客数据脆弱性在平台解决方案设计个性化与顾客满意度之间的中介效应受到平台顾客旅程设计（接触点情境敏感性）的负向调节。

假设 11f：顾客数据脆弱性在平台解决方案部署个性化与顾客满意度之间的中介效应受到平台顾客旅程设计（接触点情境敏感性）的负向调节。

3.2.10 平台关系治理的调节作用与有调节的中介效应

两者之间的相互信任以及共同遵守的关系规范的约束可弱化顾客对隐私风险的感知（Jones et al., 1997；Liu et al., 2009）。Guo 等（2021）将关系治理机制划分为三个维度：规范性关系机制（normative relational mechanisms）、冲突解决机制（conflict resolution mechanisms）和相互依赖机制（mutual dependence mechanisms）。具体来说，规范性关系机制（如沟通工具）的目的是建立团结，期望行为是为了关系维护和共同目标；双方形成了一种共同的行为模式，在调整和分享信息时考虑彼此的利益；这些规范缓解了参与者对对方机会主义行为的担忧，让他们更愿意为合作作出贡献，信任是在合作过程中，在规范的关系机制指导下形成的。冲突解决机制帮助双方通过在冲突中达成共识来实现双方都满意的解决方案，此机制是偶发和专门的，需要双方之间的密集互动才能使冲突得到满意的解决；如果冲突可以友好地解决，双方将在关系中感到更安全，相信即使发生意外冲突，他们的利益也会得到保护；这反过来又促进了关系中信任的发展。相互依赖机制是指双方都认识到他们应该为了利益而相互依赖的程序。例如，评价系统是一种相互依赖的机制，帮助双方形成一种共同的认知，即他们的成功依赖于另一方的良好评价，这种机制的提供培养了一种相互依存的感觉，从而激励参与者将其合作关系放在高度优先地位；具体来说，这些机制通过产生令人满意的结果，鼓励顾客的高参与度和工作质量，从而减少了担忧，平台可以更专注于建立持续的关系，改善顾客的公平感知，也促使顾客产生对平台及其员工的归属感，在提供相互依赖机制的交易中，可以很容易地培育顾客信任。因此，平台关系治理弱化了顾客数据脆弱性与其满意度之间的负向关系。

而平台关系治理对解决方案部署个性化与顾客满意度之间的 U 形关系的调节效应表现为以下两种方式：①解决方案部署个性化初期，关系治理机制对于平台与顾客之间解决方案定制交易和合作中的数据交流分享、共同决策解决问题等方面起到积极的推动效果（Poppo et al.，2002），因此，平台关系治理弱化了解决方案部署个性化与顾客满意度的负向关系。②随着部署个性化程度提升，平台关系治理可能造成员工过于注重适应顾客的需要，反而影响学习效率。因此，平台关系治理在一定程度上也可能弱化解决方案部署个性化与顾客满意度的正向关系。结合前文中顾客数据脆弱性在平台解决方案个性化（设计个性化和部署个性化）与顾客满意度之间的中介效应假设，本书提出：

假设 12：平台关系治理调节平台解决方案个性化与顾客满意度之间的关系。

假设 12a：平台关系治理负向调节平台解决方案部署个性化与顾客满意度之间的 U 形关系。

假设 12b：顾客数据脆弱性在平台解决方案设计个性化与顾客满意度之间的中介效应受到平台关系治理的负向调节。

假设 12c：顾客数据脆弱性在平台解决方案部署个性化与顾客满意度之间

的中介效应受到平台关系治理的负向调节。

3.3 本 章 小 结

本章开发了概念模型，并提出了相应的研究假设。在对国内外现有文献充分回顾的基础上，以价值共创和价值共毁为主要理论视角，本研究提出了概念框架，搭建了平台解决方案个性化、顾客心理所有权、顾客数据脆弱性和顾客满意度以及消费者地区异质性、平台顾客旅程设计和平台关系治理之间的路径模型。进一步，通过严密的假设推导，深入剖析了此模型中各研究构念之间的理论关系，为应对平台解决方案个性化的实践难题提供了重要管理启示。表 3-1 汇总了本章提出的所有研究假设。

表 3-1　研究假设汇总

序　　号	具体内容
假设 1	平台解决方案个性化会影响顾客满意度
假设 1a	平台解决方案设计个性化正向影响顾客满意度
假设 1b	平台解决方案部署个性化 U 形影响顾客满意度
假设 2	平台解决方案个性化正向影响顾客心理所有权
假设 2a	平台解决方案设计个性化正向影响顾客心理所有权
假设 2b	平台解决方案部署个性化正向影响顾客心理所有权
假设 3	顾客心理所有权正向影响顾客满意度
假设 4	顾客心理所有权在平台解决方案个性化与顾客满意度之间起中介作用
假设 4a	顾客心理所有权在平台解决方案设计个性化与顾客满意度之间起中介作用
假设 4b	顾客心理所有权在平台解决方案部署个性化与顾客满意度之间起中介作用
假设 5	平台解决方案个性化会影响顾客数据脆弱性
假设 5a	平台解决方案设计个性化正向影响顾客数据脆弱性
假设 5b	平台解决方案部署个性化倒 U 形影响顾客数据脆弱性

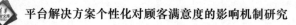

续表

序　号	具体内容
假设 6	顾客数据脆弱性负向影响顾客满意度
假设 7	顾客数据脆弱性在平台解决方案个性化与顾客满意度之间起中介作用
假设 7a	顾客数据脆弱性在平台解决方案设计个性化与顾客满意度之间起中介作用
假设 7b	顾客数据脆弱性在平台解决方案部署个性化与顾客满意度之间起中介作用
假设 8	消费者地区异质性（城市政商关系亲近）调节平台解决方案个性化与顾客满意度之间的关系
假设 8a	消费者地区异质性（城市政商关系亲近）负向调节平台解决方案设计个性化与顾客满意度之间的直接关系
假设 8b	顾客心理所有权在平台解决方案设计个性化与顾客满意度之间的中介效应受到消费者地区异质性（城市政商关系亲近）的负向调节
假设 8c	顾客心理所有权在平台解决方案部署个性化与顾客满意度之间的中介效应受到消费者地区异质性（城市政商关系亲近）的负向调节
假设 8d	顾客数据脆弱性在平台解决方案设计个性化与顾客满意度之间的中介效应受到消费者地区异质性（城市政商关系亲近）的负向调节
假设 8f	顾客数据脆弱性在平台解决方案部署个性化与顾客满意度之间的中介效应受到消费者地区异质性（城市政商关系亲近）的负向调节
假设 9a	顾客心理所有权在平台解决方案部署个性化与顾客满意度之间的中介效应受到消费者地区异质性（城市政商关系清白）的正向调节
假设 9b	顾客数据脆弱性在平台解决方案部署个性化与顾客满意度之间的中介效应受到消费者地区异质性（城市政商关系清白）的负向调节
假设 10a	消费者地区异质性（城市政商关系清白）正向调节平台解决方案部署个性化与顾客满意度之间的 U 形关系
假设 10b	消费者地区异质性（城市政商关系亲近）削弱了消费者地区异质性（城市政商关系清白）对平台解决方案部署个性化与顾客满意度之间 U 形关系的增强效应
假设 11	平台顾客旅程设计（接触点情境敏感性）调节平台解决方案个性化与顾客满意度之间的关系
假设 11a	平台顾客旅程设计（接触点情境敏感性）正向调节平台解决方案设计个性化与顾客满意度之间的直接关系
假设 11b	顾客心理所有权在平台解决方案设计个性化与顾客满意度之间的中介效应受到平台顾客旅程设计（接触点情境敏感性）的负向调节
假设 11c	顾客心理所有权在平台解决方案部署个性化与顾客满意度之间的中介效应受到平台顾客旅程设计（接触点情境敏感性）的负向调节
假设 11d	顾客数据脆弱性在平台解决方案设计个性化与顾客满意度之间的中介效应受到平台顾客旅程设计（接触点情境敏感性）的负向调节

续表

序　号	具体内容
假设 11f	顾客数据脆弱性在平台解决方案部署个性化与顾客满意度之间的中介效应受到平台顾客旅程设计（接触点情境敏感性）的负向调节
假设 12	平台关系治理调节平台解决方案个性化与顾客满意度之间的关系
假设 12a	平台关系治理负向调节平台解决方案部署个性化与顾客满意度之间的 U 形关系
假设 12b	顾客数据脆弱性在平台解决方案设计个性化与顾客满意度之间的中介效应受到平台关系治理的负向调节
假设 12c	顾客数据脆弱性在平台解决方案部署个性化与顾客满意度之间的中介效应受到平台关系治理的负向调节

第4章
研究方法

本章将详细介绍应用的研究方法。本研究通过问卷调查的方式进行实证检验。首先，本章介绍了实证研究设计，包括研究问卷如何设计、样本的选择以及变量的测量，并通过预调研分析对量表修订并获得正式问卷。其次，通过正式调研收集数据，并对样本特征、信度和效度检验、共同方法偏差以及未反应偏差进行分析，以进一步确保数据的可靠性。

4.1 研究问卷设计

4.1.1 问卷设计原则

问卷设计需遵循以下一些原则。

（1）科学性。问卷中所有题项应单一、具体，语言表达清晰、明了，避免出现抽象、歧义、晦涩难懂等问题，围绕变量和研究主题，尽可能选择国内外成熟的量表，科学完成定量分析。

（2）准确性。本研究需要设计测量题项来测量变量，因此对测量量表的信度和效度有较高要求。由于单个题项在测量中容易产生测量误差，因此量表的设计应采用多题项法，同时，设计的题项应是研究对象能够回答并自愿真实作答的，避免因强迫隐瞒而出现无作答或错答的情况，从而减少测量误差、提高准确性。

（3）客观性。问卷设计题项的表达应保持客观态度。研究人员应避免将个人主观倾向纳入问卷设计。避免包含诱导和暗示题项。

4.1.2　问卷设计步骤

（1）明确问卷研究内容。本研究的主题是围绕平台解决方案个性化与顾客满意度之间的影响作用，检验顾客心理所有权和顾客数据脆弱性的中介作用，并考虑消费者地区异质性、平台顾客旅程设计和平台关系治理的调节作用，故而对相关概念进行题项设计。

（2）选择量表。通过对国内外相关的实证研究进行梳理，收集围绕平台解决方案个性化、顾客满意度、顾客心理所有权等相关实证研究，分析和比较收集到的变量测量量表，选择与本研究情境最为契合且具备科学性和高认可度的量表。

（3）初步确定量表题项。题项源自国内外相关领域经典文献中的成熟量表，本研究在尽量保证量表原意的前提下，语言表达尽可能易懂，避免歧义。同时，分别邀请本领域精通英语的两名博士生，对翻译差异之处进行回译与修订，以确保内容的准确性，并请专家老师复审，结合反馈意见进行调整，从而初步确定量表题项。

（4）设计问卷结构。问卷结构包含以下内容：开头是问卷标题与说明，明确调研目的、研究内容、研究对象范围，同时强调信息匿名性，便于受访者填写；中间是测量题项，包括调研对象对本研究所涉及的变量所设题项的评价；最后是调研对象个人基本信息。

（5）预调研修正量表。本研究通过预调研对问卷进一步修正。预调研共发放 200 份问卷,有效问卷回收 151 份,对所收回数据进行了信度与效度的检验,结合检验结果,最终确定正式调研问卷(附录 B)。

4.2 样 本 选 择

本研究侧重于探讨平台解决方案个性化对顾客满意度的影响机制。因此,本书选取的调研对象主要是有过完整的个性化解决方案体验的消费者。在本书中,以在线教育平台一对一学习课程为研究情境,将调查对象聚焦于招录考试和职业教育相关领域中的消费者。他们善于学习新的技术和知识,对本研究所探讨的核心问题熟悉并且更为关注。调查研究的主要目的在于获得被调查对象心理感知相关的一手数据,以供研究者在此基础上对概念模型展开分析和验证。所以,本研究采取网络调研问卷的方式。

4.3 变量的测量

4.3.1 因变量的测量

本研究中,顾客满意度是指在线教育平台企业有效利用顾客数据和平台知识和技能等资源提供创新、高质量的解决方案并满足顾客特定需求(Powers et al., 2016;Siahtiri et al., 2020)。该变量测量采用李克特 7 级量表,从 1 到 7 依次代表消费者对题项不同的同意程度。测量题项如表 4-1 所示。

表 4-1　顾客满意度的测量

变　　量	编　码	题　　　项	来　　源
顾客满意 度（CS）	CS1	我对这家平台提供的个性化解决方案很满意	Auh et al. (2019)
	CS2	这是一个很好的提供个性化解决方案的平台	
	CS3	这家平台提供的个性化解决方案符合我的期望	
	CS4	总的来说，我对这家平台提供的个性化解决方案很满意	

资料来源：根据因变量顾客满意度的相关测量绘制。

4.3.2　自变量的测量

平台解决方案个性化是指顾客在在线教育平台的解决方案是个性化的，是为其量身定制的（Hildebrand et al.，2014；Vesanen，2007）。本书将平台解决方案个性化划分为平台解决方案设计个性化和平台解决方案部署个性化两个维度。其中，平台解决方案设计个性化是指平台协助顾客共同确定问题解决的能力和限制条件，并通过系统地寻找解决方法共同设计新的解决方案；平台解决方案部署个性化是指定义最终解决方案的详细参数（或规格）并提供给顾客；部署过程中出现新的顾客要求，平台需要对其进行修改以符合顾客的新需求（Siahtiri et al.，2020；Tuli et al.，2007）。本书对平台解决方案个性化的测量采用 Siahtiri 等（2020）的研究，要求消费者基于自身的平台解决方案个性化体验，对表 4-2 中 6 个题项进行评价。测量采用李克特 7 级量表，从 1 到 7 含义同上。

表 4-2　平台解决方案个性化的测量

变　　量	编　码	题　　　项	来　　源
平台解决方案 设计个性化 （SDN）	SDN1	协助我确定我解决问题的能力和限制条件	Siahtiri et al. (2020)
	SDN2	协助我系统地寻找解决问题的方法	
	SDN3	共同设计新的解决方案，旨在解决最适合我内部条件 和外部条件的具体问题	
平台解决方案 部署个性化 （SDT）	SDT1	与我一起定义最终解决方案的规格	
	SDT2	与我合作部署选定的解决方案	
	SDT3	与我一起提供（例如，实施、安装和交付）解决方案	

资料来源：根据自变量平台解决方案个性化相关测量绘制。

4.3.3　中介变量的测量

1. 顾客心理所有权

顾客心理所有权被定义为在体验平台个性化解决方案时，"消费者个体感觉此解决方案或其一部分属于自己的心理状态"（Pierce et al.，2001）。本书采用 Fuchs、Prandelli 和 Schreier（2010）的研究来测量顾客心理所有权。消费者对 4 个测量题项作出评价，如表 4-3 所示。

表 4-3　中介变量的测量

变　量	编　码	题　项	来　源
顾客心理所有权（CPO）	CPO1	我对这个（解决方案）有很大的个人所有权	Fuchs et al. (2010)
	CPO2	我觉得这个（解决方案）是属于我的	
	CPO3	我感觉与这个（解决方案）有一种强烈的亲密感	
	CPO4	这个（解决方案）包含了我自己的一部分	
顾客数据脆弱性（CDV）	CDV1	不安全的	Martin et al. (2017)
	CDV2	暴露的	
	CDV3	受到威胁的	
	CDV4	脆弱的	
	CDV5	易受影响的	

资料来源：根据中介变量顾客心理所有权和顾客数据脆弱性相关测量绘制。

2. 顾客数据脆弱性

顾客数据脆弱性是指顾客在体验个性化数字解决方案时，平台对其个人数据的各种使用导致其易受伤害的感知，这将推动顾客对公司收集和使用其数据的努力作出回应（Martin et al.，2017）。本书采用 Martin、Borah 和 Palmatier（2017）的研究对顾客数据脆弱性进行测量。消费者根据自己的亲身体验对 5 个测量题项的描述给出评价。李克特 7 级量表被用于中介变量（顾客数据脆弱性）的测量。

4.3.4 调节变量的测量

1. 消费者地区异质性

本书根据正式问卷回收后获取的消费者 IP（网际协议）地址，与《中国城市政商关系排行榜 2020》报告中对应城市的关系"亲近"指数和关系"清白"指数相匹配，并将城市政商关系"亲近"指数和城市政商关系"清白"指数转换为哑变量，其中，"1"代表对应高指数地区，"0"代表对应低指数地区。具体如附录 A 所示，政商关系"亲近"指标由 10% 的 I 级指标 Qjin-1（政府对企业的关心）、40% 的 I 级指标 Qjin-2（政府对企业的服务）、10% 的 I 级指标 Qjin-3（企业的税费负担）加权平均所得；政商关系"清白"指标由 10% 的 I 级指标 Qbai-1（政府廉洁度）以及 30% 的 I 级指标 Qbai-2（政府透明度）采用上述同样的方法计算得到。其中，Qjin、Qbai 的各个 I 级指标都由详细的 II 级、III 级指标进一步表示。该报告将官方数据（来自官方微信公众号和微博、党报数据库、城市统计以及建设统计年鉴、12306 网站）、网络数据（来自百度地图）和企业调研数据（来自清华大学研究报告、中国软件测评中心和中介）相结合，其中一些关键营商环境指标与中华全国工商业联合会对 40 000 名企业主展开的调研结果一致性很高。因此，基于科学、严谨的研究框架和数据来源，该报告具有客观性和说服力，为本书进一步探究消费者地区异质性对平台解决方案个性化对顾客满意度的影响机制的边界作用奠定了坚实的数据保障。

2. 平台顾客旅程设计（接触点情境敏感性）

基于本研究解决方案个性化的研究情境，平台顾客旅程设计选取接触点情境敏感性这一变量。接触点情境敏感性是指消费者认为平台多个接触点对其个性化的特定目标、情境上下文、偏好和活动（如情境敏感信息提供、自我定制、客户灵活性）的响应和适应程度（Kuehnl et al.，2019）。本书采用 Kuehnl、Jozic 和 Homburg（2019）的研究来对接触点情境敏感性进行测量。消费者根据自己的个性化体验对 4 个测量题项的描述给出相应的评价，如表 4-4 所示。

表 4-4　调节变量（平台顾客旅程设计和平台关系治理）的测量

变　　量	编　码	题　　项	来　　源
平台顾客旅程设计（接触点情境敏感性）（CJD）	CJD1	平台的这些接触点会考虑到我的具体活动、兴趣或需求	Kuehnl et al.(2019)
	CJD2	这个平台的不同接触点与我的个人情况非常契合	
	CJD3	我觉得这个平台的不同接触点很适合我体验个性化解决方案	
	CJD4	这个平台不同接触点之间的联系，让个性化解决方案简单快捷	
平台关系治理（RG）	RG1	我与平台的分歧在出现时得到解决	Ferguson et al.(2005)
	RG2	平台将与顾客合作，防止出现问题	
	RG3	平台致力于帮助顾客取得进步	
	RG4	平台帮助顾客改善成绩和能力	
	RG5	在互惠互信的基础上我与平台合作	
	RG6	遇到困难，顾客可以依靠平台	
	RG7	平台会努力留住不满意的顾客	
	RG8	平台适应顾客的需要	
	RG9	平台将协商服务费的调整	
	RG10	平台提供及时、准确的信息	
	RG11	平台告知顾客个性化解决方案的修改和变化	

资料来源：根据调节变量平台顾客旅程设计和平台关系治理相关测量绘制。

3. 平台关系治理

平台关系治理是指在消费者体验个性化解决方案时，平台使用共享的社会规范来引导与顾客之间关于个人信息收集和使用方面可接受或可取的行为（Zhou et al.，2012）。本书通过采用 Ferguson、Paulin 和 Bergeron（2005）的研究对平台关系治理进行测量。消费者根据自己的个性化体验来评价表 4-4 中的 11 个测量题项。

4.3.5　控制变量的测量

本书共有顾客性别、顾客年龄、受教育程度、顾客（或家庭）平均月收入以及感知价格 5 个控制变量，这些变量都有可能对因变量顾客满意度产生影响。

总的来说，顾客性别由"1"和"2"分别指代男性、女性；顾客年龄被划分为5个阶段，从"1"到"5"分别代表"15～18岁""19～25岁""26～44岁""45～59岁"以及"60岁及以上"；在受教育程度方面，分别将 1 到 4 赋值给 "高中、中专及以下""大专""大学本科"和"硕士及以上"；在顾客（或家庭）平均月收入方面，"5 000 元以下"取值为 1，"5 001～8 000 元"取值为 2，"8 001～10 000 元"取值为 3，"10 001 元以上"取值为 4；最后选择消费者感知价格作为控制变量。

4.4　预调研与问卷修订

　　基于本研究上述所设计的量表，预调研量表涵盖 34 个测量题项。尽管相关题项皆源自成熟量表，但为促使此调研问卷更适合本研究（平台解决方案个性化）的独特情境，确保正式调研效果，作者选择了小规模的有过在线教育平台个性化课程完整体验的 200 名学员进行预调研，调研始于 2020 年 11 月初，止于 2020 年 11 月中旬，回收了 151 份有效问卷，问卷有效率为 75.5%。根据预调研受访者反馈意见，最终完成对调研问卷的修订。预调研的样本特征统计如表 4-5 所示。

表 4-5　预调研的样本特征统计

样本特征	类　别	数　量	百分比/%
性别	男性	69	45.7
	女性	82	54.3
年龄	15～18 岁	66	43.7
	19～25 岁	42	27.8
	26～44 岁	34	22.5
	45～59 岁	9	6.0

续表

样本特征	类　别	数　量	百分比/%
受教育程度	高中、中专及以下	53	35.1
	大专	19	12.6
	大学本科	68	45.0
	硕士及以上	11	7.3
职业	机关事业单位、国企员工	31	20.5
	外企、私营企业员工	37	24.5
	个体经营者/自由职业者	29	19.2
	学生	54	35.8
收入	5 000 元以下	25	16.6
	5 001～8 000 元	53	35.1
	8 001～10 000 元	40	26.5
	10 001 元以上	33	21.8

资料来源：根据预调研回收的有效样本绘制。

首先进行信度检验，这是对量表所设计题项的可靠性的检验。使用克朗巴哈系数（Cronbach's α）来计算信度，该指标需介于 0 与 1 之间，至少要大于 0.5，在实际中最好是大于 0.7（萧文龙，2020）。本研究对预调研数据进行检验分析，结果如表 4-6 所示，克朗巴哈系数介于[0.796，0.969]区间，说明量表可靠性与一致性符合要求。

表 4-6　探索性因子分析

变　量	题　项	因　子							累计解释方差/%	克朗巴哈系数
		1	2	3	4	5	6	7		
平台解决方案设计个性化（SDN）	SDN1						0.824		7.196	0.884
	SDN2						0.826			
	SDN3						0.749			
平台解决方案部署个性化（SDT）	SDT1							0.849	13.862	0.796
	SDT2							0.775		
	SDT3							0.698		
顾客心理所有权（CPO）	CPO1			0.813					24.542	0.943
	CPO2			0.876						
	CPO3			0.857						
	CPO4			0.865						

续表

变　　量	题　项	因　　子							累计解释方差/%	克朗巴哈系数
		1	2	3	4	5	6	7		
顾客数据脆弱性（CDV）	CDV1		0.797						37.020	0.947
	CDV2		0.927							
	CDV3		0.906							
	CDV4		0.936							
	CDV5		0.942							
顾客满意度（CS）	CS1					0.751			46.046	0.966
	CS2					0.764				
	CS3					0.760				
	CS4					0.766				
平台顾客旅程设计（接触点情境敏感性）（CJD）	CJD1				0.759				56.063	0.958
	CJD2				0.776					
	CJD3				0.806					
	CJD4				0.832					
平台关系治理（RG）	RG1	0.835							82.553	0.969
	RG2	0.884								
	RG3	0.803								
	RG4	0.818								
	RG5	0.826								
	RG6	0.840								
	RG7	0.717								
	RG8	0.861								
	RG9	0.804								
	RG10	0.801								
	RG11	0.769								

资料来源：根据探索性因子分析结果（表中小于 0.5 数值已删除）绘制。

其次进行效度检验，这是对量表所设计题项的有效性的检验。利用探索性因子分析（EFA）进行验证较为合适。预调研数据首先实施 KMO（Kaiser-Meyer-Olkin）检验和巴特利特（Bartlett）球形检验，判断是否能够进行因子分析，结果如表 4-7 所示。根据吴明隆（2010）给出的判断标准：当 KMO 值大于 0.9

（本研究 KMO 值为 0.908），非常适合做因子分析。同时，巴特利特球形检验显著性水平 $p = 0.000 < 0.05$，表明本研究量表非常适合进行因子分析。

表 4-7　KMO 检验和巴特利特球形检验

KMO 取样适切性量数		0.908
巴特利特球形检验	近似卡方	5 740.277
	自由度	561
	显著性	0.000

下面展开探索性因子分析。通过主成分分析法与最大方差旋转方法提取因子，要求每个题项相应的因子载荷大于 0.5，而其他因子载荷小于 0.5，累计解释方差不低于 50%。根据表 4-6 的检验结果，本研究提取 7 个共同因子，分别为平台解决方案设计个性化、平台解决方案部署个性化、顾客心理所有权、顾客数据脆弱性、顾客满意度、平台顾客旅程设计（接触点情境敏感性）、平台关系治理，累计解释方差为 82.553%，超过 50%，故而本研究所设计的量表具有较好的解释力度；清晰可见，题项各自对应的因子载荷数值均超过 0.5，说明该题项收敛于其所归属的公因子下，从而与其他公因子相区分。

本书根据初步调查所获数据，对所有测量变量实施了初步检验，所设计的量表具有良好的信效度，形成了正式的问卷（附录 B）。这为即将展开的正式调研奠定了基础，确保数据结果更加可靠、有效。

4.5　数据收集与样本特征

4.5.1　数据收集

正式调研工作从 2020 年 12 月初到 2020 年 12 月中旬。主要委托线上专业服务机构问卷星企业通过样本服务进行问卷发放，对所在行业限制为在线教育平台，调研对象限定在参与平台一对一完整课程体系的学员，并在回收过程中实时监测回收效果，通过答题时间、连续选取相同选项以及设置反向问题进行甄别，切实确保问卷回收质量。最终，委托问卷星企业通过样本服务共回收 600 份问卷，其中有效数为 546，问卷的有效回应率为 91%。删除未能与二手数据匹配的 12 份问卷后，最终保留 534 份调研问卷用于假设检验。

另外，本书回收的有效问卷数量符合样本的规模要求。为确保数据统计分析结果有效，研究的样本量应尽可能大一些。本研究共 34 个测量题项，所以样本数量需要达到 340（Gorsuch，1983）。而本书最终使用样本数量为 534，符合样本的规模要求。

4.5.2 样本特征

本节对受访者展开了描述性统计分析（表 4-8）。本研究的有效样本量为 534。调研样本以年轻的群体为主，年龄在 15～18 岁和 19～25 岁的群体分别占比 34.5%以及 38.7%；女性群体稍微多一些，占比 52.8%；教育程度以大专和大学本科为主，分别占比 28.3%和 52.8%；职业方面：学生达到 30.7%，外企、私营企业员工占 36.1%；另外，受访者月收入大多数在 10 001 元以上（占比 66.1%）。此外，本书还对被调查者对所体验的在线教育平台个性化课程详细情况的知悉程度进行了统计，采用单项 7 级李克特量表。这一指标的平均值为 5.57，表明受访者较为熟悉个性化解决方案，这提高了通过问卷获取真实数据的概率。

表 4-8　受访者的基本特征（$N = 534$）

样本特征	类　　别	样本量	百分比/%
性别	男性	252	47.2
	女性	282	52.8

续表

样本特征	类　别	样本量	百分比/%
年龄	15～18 岁	184	34.5
	19～25 岁	207	38.7
	26～44 岁	99	18.5
	45～59 岁	43	8.1
	60 岁及以上	1	0.2
受教育程度	高中、中专及以下	29	5.4
	大专	151	28.3
	大学本科	282	52.8
	硕士及以上	72	13.5
职业	机关事业单位、国企员工	131	24.5
	外企、私营企业员工	193	36.1
	个体经营者/自由职业者	42	7.9
	学生	164	30.7
	退休人员及其他	4	0.8
收入	5 000 元以下	20	3.7
	5 001～8 000 元	81	15.2
	8 001～10 000 元	80	15.0
	10 001 元以上	353	66.1

资料来源：根据正式调研有效问卷绘制。

4.6　信度检验和效度检验

本书使用 SmartPLS 3.0 软件对测量模型进行验证性因子分析，并检验了本研究所有构念的信度和效度。如表 4-9 所示，测量模型的拟合指数分别为：SRMR = 0.044，d_ULS = 1.378，d_G = 0.533，χ^2 = 1 732.916，NFI = 0.852。所有指标包含在理想范围内，表明此测量模型拟合度较好，能够较好地反映出变量之间的实际关系。

表 4-9　研究模型适配度

拟合指标	饱和的模型	估计模型
SRMR	0.041	0.044
d_ULS	1.188	1.378
d_G	0.523	0.533
χ^2	1 705.281	1 732.916
NFI	0.854	0.852
Rms Theta	0.109	

4.6.1　信度检验

本书同时采用三种方法对所有构念的信度进行检验：首先，根据 Peterson（1994）的研究，构念的克朗巴哈系数值大于 0.7，则其内部一致性较好。本书中所有构念满足临界值的要求。其次，根据 Hair（2016）的要求，构念的 rho_A 值也需要大于 0.7，才具有较好的内部一致性。本书所有 rho_A 最小值为 0.778，也达到了既定标准。最后，Bagozzi 和 Yi（1988）发现，综合信度系数（CR）和平均提取方差（AVE）可以用来共同判断构念的信度。参考标准是：CR 和 AVE 不应该低于各自临界值 0.7 和 0.5。本研究测量模型中的所有 CR 和 AVE 符合规定。表 4-10 明确了所有克朗巴哈系数、rho_A、CR 和 AVE。

表 4-10　验证性因子分析结果

测量项目	因子载荷	克朗巴哈系数	rho_A	CR	AVE	VIF
1. 顾客满意度（CS）						
您对自己在平台解决方案个性化的体验：						
CS1 我对这家平台提供的个性化解决方案很满意	0.887					2.658
CS2 这是一个很好的提供个性化解决方案的平台	0.864					2.306
CS3 这家平台提供的个性化解决方案符合我的期望	0.843	0.891	0.892	0.925	0.754	2.119
CS4 总的来说，我对这家平台提供的个性化解决方案很满意	0.879					2.583

续表

测量项目	因子载荷	克朗巴哈系数	rho_A	CR	AVE	VIF
2. 平台提供的整体解决方案感觉是为你量身定做的：						
a.平台解决方案设计个性化（SDN）						
SDN1 协助我确定我解决问题的能力和限制条件	0.828					1.596
SDN2 协助我系统地寻找解决问题的方法	0.870	0.774	0.778	0.869	0.689	1.827
SDN3 共同设计新的解决方案，旨在解决最适合我内部条件和外部条件的具体问题	0.791					1.491
b.平台解决方案部署个性化（SDT）						
SDT1 与我一起定义最终解决方案的规格	0.837					1.748
SDT2 与我合作部署选定的解决方案	0.836	0.792	0.796	0.878	0.705	1.691
SDT3 与我一起提供（例如，实施、安装和交付）解决方案	0.846					1.592
3. 顾客心理所有权（CPO）						
在体验个性化数字解决方案时，您觉得：						
CPO1 我对这个（解决方案）有很大的个人所有权	0.839					2.080
CPO2 我觉得这个（解决方案）是属于我的	0.863					2.478
CPO3 我感觉与这个（解决方案）有一种强烈的亲密感	0.820	0.868	0.868	0.910	0.717	1.906
CPO4 这个（解决方案）包含了我自己的一部分	0.864					2.426
4. 顾客数据脆弱性（CDV）						
在体验个性化数字解决方案时，在线教育平台要求提供关于您的个人信息，让您觉得：						
CDV1 不安全的	0.868					2.813
CDV2 暴露的	0.906					3.575
CDV3 受到威胁的	0.877	0.923	0.930	0.942	0.764	2.834
CDV4 脆弱的	0.871					2.923
CDV5 易受影响的	0.848					2.770
5. 平台顾客旅程设计（接触点情境敏感性）（CJD）						
CJD1 平台的这些接触点会考虑到我的具体活动、兴趣或需求	0.813					1.840
CJD2 这个平台的不同接触点与我的个人情况非常契合	0.846					2.047
CJD3 我觉得这个平台的不同接触点很适合我体验个性化解决方案	0.860	0.853	0.855	0.901	0.695	2.140
CJD4 这个平台不同接触点之间的联系，让个性化解决方案简单快捷	0.815					1.819

续表

测量项目	因子载荷	克朗巴哈系数	rho_A	CR	AVE	VIF
6. 平台关系治理（RG）						
在体验个性化数字解决方案的过程中，请评价以下您与在线教育平台个人信息收集和使用等方面相关的关系情况：						
RG1 我与平台的分歧在出现时得到解决	0.763					1.949
RG2 平台将与顾客合作，防止出现问题	0.754					1.910
RG3 平台致力于帮助顾客取得进步	0.789					2.317
RG4 平台帮助顾客改善成绩和能力	0.773	0.909	0.909	0.925	0.580	2.079
RG5 在互惠互信的基础上我与平台合作	0.761					1.925
RG6 遇到困难，顾客可以依靠平台	0.726					1.762
RG8 平台适应顾客的需要	0.741					1.915
RG10 平台提供及时、准确的信息	0.786					2.082
RG11 平台告知顾客个性化解决方案的修改和变化	0.758					1.931

4.6.2 效度检验

本书中构念的效度检验主要包括两个方面：聚合效度和区分效度。首先，如果所有测量题项的标准化因子载荷均为正且显著，则聚合效度良好（Bagozzi et al.，1988）。表 4-10 中所有构念的测量题项符合条件。其次，根据 Fornell 和 Larcker（1981）的相关结论，如果构念的 AVE 平方根大于其他所有构念与它之间的相关系数，可认定此构念具有不错的区分效度，表 4-11 符合这一结论。同时，表 4-12 中的 HTMT 值也符合 Henseler、Ringle 和 Sarstedt（2015）的标准，进一步明确了本研究所有构念都具有较好的区分效度。

表 4-11　描述性统计和相关系数

变　　量	1	2	3	4	5	6	7
1. 平台解决方案设计个性化（SDN）	0.689						
2. 平台解决方案部署个性化（SDT）	0.300**	0.705					
3. 顾客心理所有权（CPO）	0.315**	0.535**	0.717				
4. 顾客数据脆弱性（CDV）	−0.046	−0.337**	−0.324**	0.764			
5. 平台顾客旅程设计（CJD）	0.321**	0.505**	0.440**	−0.240**	0.695		

续表

变　量	1	2	3	4	5	6	7
6. 平台关系治理（RG）	0.508**	0.473**	0.524**	−0.283**	0.658**	0.580	
7. 顾客满意度（CS）	0.423**	0.568**	0.536**	−0.349**	0.669**	0.734**	0.754
平均值	5.663	5.162	5.475	3.347	5.237	5.395	5.371
标准差	0.958	0.948	0.936	1.389	0.925	0.833	0.948

注：**表示在 0.05 水平上显著。对角线上为各构念的 AVE 值。

表 4-12　区分效度分析（HTMT）

变　量	SDN	SDT	CPO	CDV	CJD	RG	CS
1. 平台解决方案设计个性化（SDN）							
2. 平台解决方案部署个性化（SDT）	0.384						
3. 顾客心理所有权（CPO）	0.385	0.648					
4. 顾客数据脆弱性（CDV）	0.084	0.394	0.361				
5. 平台顾客旅程设计（CJD）	0.394	0.617	0.510	0.270			
6. 平台关系治理（RG）	0.606	0.559	0.589	0.308	0.747		
7. 顾客满意度（CS）	0.509	0.675	0.609	0.385	0.766	0.815	

4.7　共同方法偏差和未反应偏差

4.7.1　共同方法偏差

由于测量模型中的部分变量来自同一调研问卷，因此，本研究将选取 Harman（1967）的 Harman 单因子检验法（Harman's One-Factor Test）对量表进行共同方法偏差检验。对本研究概念模型中所有题项进行探索性因子分析，发现第一主成分的方差解释率为 37.48%。因此，本研究的共同方法偏差并不严重。

4.7.2 未反应偏差

本书采用 Armstrong 和 Overton（1977）的方法对未反应偏差进行检验。首先，对回复问卷中的平台解决方案设计个性化（SDN）、平台解决方案部署个性化（SDT）、顾客心理所有权（CPO）、顾客数据脆弱性（CDV）、平台顾客旅程设计（CJD）、平台关系治理（RG）和顾客满意度（CS）等变量进行整理。然后，利用曼–惠特尼检验（Mann-Whitney Test）对较早回复问卷的消费者和较晚回复问卷的被访者上述变量的差异性进行检验。结果发现，两者在上述变量上并不存在显著性差异（$P > 0.1$），如表 4-13 所示。因此，本研究未反应偏差也并不严重。

表 4-13　曼–惠特尼检验统计结果

检验内容	变　　量						
	SDN	SDT	CPO	CDV	CJD	RG	CS
曼–惠特尼	33 811.500	35 515.500	33 625.000	35 044.500	34 049.000	35 269.500	35 179.500
威尔科克森	69 589.500	71 293.500	69 403.000	70 822.500	69 827.000	71 047.500	70 957.500
Z	−1.035	−0.073	−1.138	−0.337	−0.899	−0.211	−0.262
渐进显著性	0.301	0.942	0.255	0.736	0.369	0.833	0.793

资料来源：根据分组变量进行曼–惠特尼检验得到的统计结果绘制。

4.8　本 章 小 结

本章详述了本研究所采用的研究方法，厘清了本研究设计问卷、选择样本、变量测量与收集数据的过程。接下来，详细介绍了描述性统计特征，并对测量模型的拟合情况和构念的信度与效度进行了检验。最后，完成了对本研究共同方法偏差和未反应偏差的验证，确保数据的可靠性。

第 5 章
数据处理与假设检验

5.1　本研究所使用的统计方法

5.1.1　层次回归分析

本研究的假设检验均使用层次回归分析法。根据自变量平台解决方案个性化先后对因变量顾客满意度产生的不同影响，本研究在回归中分层次地加入 5 个控制变量、自变量（平台解决方案设计个性化和平台解决方案部署个性化）、自变量的二次项、中介变量（顾客心理所有权和顾客数据脆弱性）、调节变量（消费者地区异质性、平台顾客旅程设计和平台关系治理）以及自变量（平台解决方案设计个性化和平台解决方案部署个性化）与调节变量（城市政商关系亲近和城市政商关系清白、接触点情境敏感性和平台关系治理）、中介变量（顾客心理所有权和顾客数据脆弱性）与调节变量（城市政商关系亲近和城市政商关系清白、接触点情境敏感性和平台关系治理）的交互项。层次回归分析法之所以得到广泛的应用，在于它能够有效避免变量之间因相互干扰而可能存在的预测误差。

5.1.2　中介效应分析

为了检验多重中介机制，本研究对中介效应进行了检验。本书涉及的中介效应包括顾客心理所有权和顾客数据脆弱性分别在平台解决方案个性化与顾客满意度之间的中介作用。为了降低多重共线性对本研究模型的潜在作用，本书对自变量（平台解决方案设计个性化和平台解决方案部署个性化）和中介变量（顾客心理所有权和顾客数据脆弱性）分别进行了标准化处理（Aiken et al., 1991）。

5.1.3　有调节的中介效应分析

本研究在中介效应的基础上，进一步检验了情境因素对中介效应可能存在的影响。在本研究中，有调节的中介效应包括消费者地区异质性（城市政商关系亲近和城市政商关系清白）、平台顾客旅程设计（接触点情境敏感性）对平台解决方案个性化通过感知顾客心理所有权对顾客满意度产生间接影响的调节作用，以及消费者地区异质性（城市政商关系亲近和城市政商关系清白）、平台顾客旅程设计（接触点情境敏感性）和平台关系治理对平台解决方案个性化通过顾客数据脆弱性对顾客满意度产生间接影响的调节作用。同理，本书也对调节变量进行了标准化处理以降低多重共线性的影响（Aiken et al., 1991）。

5.2　主效应及中介效应检验

本研究采用层次回归的方法，将自变量（平台解决方案设计个性化和平台解决方案部署个性化）、因变量（顾客满意度）、中介变量（顾客心理所有权和顾客数据脆弱性）、调节变量（消费者地区异质性、平台顾客旅程设计和平台关系治理），以及控制变量（消费者性别、年龄、受教育程度、收入以及感知价格）加入模型，以对上述提出的研究假设进行检验，具体数据分析程序和假设检验结果如下。

5.2.1　平台解决方案个性化与顾客满意度的关系检验

表 5-1 中模型 M1-1—模型 M1-4 分别包括所有的控制变量、自变量，主要验证了不同的自变量（平台解决方案设计个性化和平台解决方案部署个性化）与因变量（顾客满意度）之间直接效应的显著性检验。方差膨胀因子（VIF）属于（1.042，1.588），与经验值 10 相差甚远，这表明本研究不存在严重的多重共线性。

表 5-1　平台解决方案个性化对顾客满意度的直接效应回归模型

变　量	顾客满意度			
	M1-1	M1-2	M1-3	M1-4
自变量				
平台解决方案设计个性化（SDN）		0.204^{***} （5.959）		0.160^{***} （5.005）
平台解决方案部署个性化（SDT）			0.368^{***} （9.892）	0.341^{***} （9.284）
SDT^2			0.111^{**} （3.446）	0.103^{**} （3.252）
控制变量				
性别	-0.050 （-1.439）	-0.046 （-1.370）	-0.007 （-0.218）	-0.007 （-0.225）
年龄	0.029 （0.812）	0.031 （0.882）	0.017 （0.529）	0.020 （0.604）
受教育程度	-0.073^{*} （-2.026）	-0.077^{*} （-2.197）	-0.062† （-1.873）	-0.066^{*} （-2.028）
收入	0.168^{***} （4.348）	0.129^{**} （3.394）	0.112^{**} （3.112）	0.086^{*} （2.397）
感知价格	0.614^{***} （18.571）	0.552^{***} （16.393）	0.471^{***} （13.940）	0.432^{***} （12.749）
R^2	0.446	0.481	0.533	0.554
ΔR^2		0.035	0.087	0.108
F 值	85.029^{***}	81.408^{***}	85.751^{***}	81.595^{***}

资料来源：根据自变量（平台解决方案个性化）对因变量（顾客满意度）的直接效应回归结果绘制。

注：N=534，†表示 $p < 0.10$，*表示 $p < 0.05$，**表示 $p < 0.01$，***表示 $p < 0.001$，括号内为 t 值（双侧检验）。

模型 M1-1 作为基准模型，检验了控制变量对顾客满意度的作用。模型 M1-2 在模型 M1-1 的基础上加入自变量平台解决方案设计个性化，平台解决方案设计个性化加入方程后对顾客满意度的方差变异解释程度较模型 M1-1 提高了 3.5%。表 5-1 显示，平台解决方案设计个性化对顾客满意度的影响为正，且显著（$\beta = 0.204$，$p < 0.001$），即平台解决方案设计个性化提升了顾客满意度，因此假设 1a 得到支持。

模型 M1-3 检验了平台解决方案部署个性化对顾客满意度的影响。模型 M1-3 在模型 M1-1 的基础上加入自变量平台解决方案部署个性化以及平台解决方案部署个性化的平方项，平台解决方案部署个性化及其平方项加入方程后对顾客满意度的方差变异解释程度较模型 M1-1 提高了 8.7%。结果显示，顾客满意度对平台解决方案部署个性化平方项的回归系数是正的且显著（$\beta = 0.111$，$p < 0.01$），即平台解决方案部署个性化先降低后提高顾客满意度，因此假设 1b 得到了支持。

模型 M1-4 为控制变量和所有自变量同时放入回归方程的全模型。在模型 M1-4 中，平台解决方案设计个性化（$\beta = 0.160$，$p < 0.001$）和平台解决方案部署个性化二次项（$\beta = 0.103$，$p < 0.01$）对顾客满意度的影响仍然显著，由此，假设 1a 和假设 1b 再次得到了强化。

5.2.2　平台解决方案个性化与顾客心理所有权的关系检验

表 5-2 中模型 M2-1—模型 M2-4 对平台解决方案个性化（平台解决方案设计个性化和平台解决方案部署个性化）对顾客心理所有权的影响进行了显著性检验，VIF 最大值为 1.505，表明不存在严重多重共线性。

表 5-2　平台解决方案个性化对顾客心理所有权的回归模型

变　　量	顾客心理所有权			
	M2-1	M2-2	M2-3	M2-4
自变量				
平台解决方案设计个性化（SDN）		0.194*** （4.589）		0.140*** （3.585）

续表

变　量	顾客心理所有权			
	M2-1	M2-2	M2-3	M2-4
平台解决方案部署个性化（SDT）			0.452*** （10.869）	0.432*** （10.407）
控制变量				
性别	−0.005 （−0.129）	−0.002 （−0.043）	0.052 （1.340）	0.052 （1.358）
年龄	0.064 （1.460）	0.065 （1.521）	0.060 （1.525）	0.062 （1.573）
受教育程度	−0.082 † （−1.862）	−0.085* （−1.979）	−0.062 （−1.547）	−0.065 † （−1.651）
收入	0.106* （2.233）	0.069 （1.451）	0.027 （0.617）	0.004 （0.081）
感知价格	0.374*** （9.230）	0.314*** （7.528）	0.187*** （4.634）	0.153*** （3.725）
R^2	0.170	0.202	0.322	0.338
ΔR^2		0.032	0.152	0.168
F 值	21.606***	22.200***	41.690***	38.374***

资料来源：根据自变量（平台解决方案个性化）对中介变量（顾客心理所有权）的回归结果绘制。

注：N=534，†表示 $p < 0.10$，*表示 $p < 0.05$，**表示 $p < 0.01$，***表示 $p < 0.001$，括号内为 t 值（双侧检验）。

模型 M2-1 只放入控制变量。模型 M2-2 在模型 M2-1 的基础上新加入自变量平台解决方案设计个性化，此变量加入方程后对顾客心理所有权的方差变异解释程度比模型 M2-1 提高了 3.2%。由回归结果可知，平台解决方案设计个性化对顾客心理所有权的影响为正，且显著（$\beta = 0.194$，$p < 0.001$），即平台解决方案设计个性化强化了顾客心理所有权，因此假设 2a 获得了支持。

模型 M2-3 检验了平台解决方案部署个性化对顾客心理所有权的影响。模型 M2-3 在模型 M2-1 的基础上新增自变量平台解决方案部署个性化，平台解决方案部署个性化加入模型后对顾客心理所有权的方差变异解释程度比模型 M2-1 提高了 15.2%。回归结果表明，平台解决方案部署个性化正向影响顾客心理所有权，且作用显著（$\beta = 0.452$，$p < 0.001$），即平台解决方案部署个性化强

化了顾客心理所有权，因此假设 2b 得到了支持。

模型 M2-4 同时检验控制变量与自变量对顾客心理所有权的影响。在模型 M2-4 中，平台解决方案设计个性化（$\beta = 0.140$，$p < 0.001$）和平台解决方案部署个性化（$\beta = 0.432$，$p < 0.001$）对顾客心理所有权的正向影响依然显著，由此，假设 2a 和假设 2b 得到了强化。

5.2.3　顾客心理所有权的中介作用检验

表 5-3 中模型 M3-1—模型 M3-4 分别包括了所有的控制变量、自变量（平台解决方案个性化）以及中介变量（顾客心理所有权），主要验证了中介变量顾客心理所有权在不同自变量（平台解决方案设计个性化和平台解决方案部署个性化）与因变量（顾客满意度）之间的中介作用。VIF 最大值为 1.588，低于 10，此研究模型不存在严重的多重共线性。

表 5-3　顾客心理所有权的中介效应回归模型

变　量	顾客满意度			
	M3-1	M3-2	M3-3	M3-4
自变量				
平台解决方案设计个性化（SDN）		0.166*** （5.140）	0.129*** （4.122）	0.143*** （4.561）
平台解决方案部署个性化（SDT）		0.297*** （8.620）	0.254*** （6.664）	0.231*** （6.003）
SDT^2			0.119*** （3.874）	0.107** （3.488）
中介变量				
顾客心理所有权			0.218*** （6.271）	0.197*** （5.626）
顾客数据脆弱性				−0.097** （−3.114）
控制变量				
性别	−0.050 （−1.439）	−0.009 （−0.286）	−0.018 （−0.594）	−0.015 （−0.511）
年龄	0.029 （0.812）	0.028 （0.861）	0.005 （0.154）	0.001 （0.044）

续表

变　量	顾客满意度			
	M3-1	M3-2	M3-3	M3-4
受教育程度	-0.073^{*} （-2.026）	-0.063† （-1.914）	-0.052† （-1.660）	-0.042 （-1.345）
收入	0.168^{***} （4.348）	0.085^{*} （2.347）	0.085^{*} （2.466）	0.071^{*} （2.060）
感知价格	0.614^{***} （18.571）	0.441^{***} （12.953）	0.397^{***} （11.973）	0.389^{***} （11.793）
R^2	0.446	0.545	0.585	0.593
ΔR^2		0.099	0.040	0.008
F 值	85.029^{***}	90.100^{***}	82.193^{***}	76.171^{***}

资料来源：根据顾客心理所有权中介效应检验的回归结果绘制。

注：$N=534$，†表示 $p<0.10$，*表示 $p<0.05$，**表示 $p<0.01$，***表示 $p<0.001$，括号内为 t 值（双侧检验）。

模型 M3-1 只在方程中放入控制变量，模型 M3-2 在模型 M3-1 的基础上添加了自变量平台解决方案设计个性化和平台解决方案部署个性化一次项，对顾客满意度的方差变异的解释程度比模型 M3-1 提升了 9.9%。根据回归结果可知，两个自变量平台解决方案设计个性化（$\beta=0.166$，$p<0.001$）和平台解决方案部署个性化（$\beta=0.297$，$p<0.001$）分别对因变量顾客满意度有显著影响，因此可以继续实施中介效应检验程序。

在此基础上，模型 M3-3 将所有自变量（平台解决方案设计个性化和平台解决方案部署个性化）和中介变量顾客心理所有权放入方程中，验证顾客心理所有权在不同自变量与因变量顾客满意度之间的中介效应是否存在。根据回归结果，顾客心理所有权对顾客满意度的回归系数是正的且显著（$\beta=0.218$，$p<0.001$），即顾客心理所有权提升了顾客满意度，因此，假设 3 得到了支持。结合模型 M2-4 可知，自变量平台解决方案个性化对顾客心理所有权的影响分别显著（$\beta=0.140$，$p<0.001$；$\beta=0.432$，$p<0.001$），同时，模型 M1-4 自变量平台解决方案个性化与因变量顾客满意度之间的作用关系依然显著（$\beta=0.160$，$p<0.001$；$\beta=0.341$，$p<0.001$；$\beta=0.103$，$p<0.01$）。证明假设 3 和假设 6 成立，初步验证了顾客心理所有权分别在不同平台解决方案个性化与因变量顾客满

意度之间的关系中起部分中介作用。

模型 M3-4 作为全模型涵盖所有控制变量、自变量（平台解决方案设计个性化和平台解决方案部署个性化）与中介变量（顾客心理所有权和顾客数据脆弱性），其解释率为 59.3%。在模型 M3-4 中，中介变量顾客心理所有权（β = 0.197，$p < 0.001$）对顾客满意度的影响仍是正的且显著，假设 3 再次得到了支持；平台解决方案个性化对因变量顾客满意度的影响作用显著，而模型 M2-4 中平台解决方案个性化与顾客心理所有权之间的关系分别显著（β = 0.140，$p < 0.001$；β = 0.432，$p < 0.001$），假设 4a 和假设 4b 再次得到了支持。

5.2.4　平台解决方案个性化与顾客数据脆弱性的关系检验

表 5-4 中模型 M4-1—模型 M4-4 共同完成平台解决方案个性化（平台解决方案设计个性化和平台解决方案部署个性化）与顾客数据脆弱性之间关系的显著性检验。MAX_{VIF} 为 1.588，低于要求临界值，说明此模型多重共线性不严重。

表 5-4　平台解决方案个性化对顾客数据脆弱性的回归模型

变　量	顾客数据脆弱性			
	M4-1	M4-2	M4-3	M4-4
自变量				
平台解决方案设计个性化（SDN）		0.075† （1.658†）		0.115** （2.623）
平台解决方案部署个性化（SDT）			−0.301*** （−6.026）	−0.320*** （−6.375）
SDT^2			−0.101* （−2.328）	−0.107* （−2.477）
控制变量				
性别	0.051 （1.168）	0.053 （1.201）	0.017 （0.390）	0.017 （0.392）
年龄	−0.062 （−1.350）	−0.061 （−1.340）	−0.051 （−1.157）	−0.050 （−1.130）
受教育程度	0.127** （2.775）	0.126** （2.750）	0.119** （2.672）	0.116** （2.627）

续表

变量	顾客数据脆弱性			
	M4-1	M4-2	M4-3	M4-4
收入	−0.171** (−3.452)	−0.185*** (−3.691)	−0.126* (−2.585)	−0.145** (−2.963)
感知价格	−0.206*** (−4.878)	−0.229*** (−5.160)	−0.089† (−1.961)	−0.117* (−2.516)
R^2	0.096	0.101	0.154	0.165
ΔR^2		0.005	0.058	0.069
F 值	11.193***	9.817***	13.704***	12.985***

资料来源：根据自变量（平台解决方案个性化）对中介变量（顾客数据脆弱性）的回归结果绘制。

注：N=534，†表示 $p < 0.10$，*表示 $p < 0.05$，**表示 $p < 0.01$，***表示 $p < 0.001$，括号内为 t 值（双侧检验）。

模型 M4-1 仅包含控制变量，检验这些控制变量对顾客数据脆弱性的影响。模型 M4-2 在模型 M4-1 的基础上增加了平台解决方案设计个性化，该变量加入方程后，对顾客数据脆弱性的方差变异解释程度与模型 M4-1 相比提高了 0.5%。回归结果显示，平台解决方案设计个性化对顾客数据脆弱性的影响为正，但边际显著（$\beta = 0.075$，$p < 0.10$），平台解决方案设计个性化与顾客数据脆弱性之间的关系（即假设 5a）有待进一步验证。

模型 M4-3 检验了平台解决方案部署个性化对顾客数据脆弱性的影响。模型 M4-3 在模型 M4-1 的基础上新增自变量平台解决方案部署个性化，该变量加入模型后对顾客数据脆弱性的方差变异解释程度比模型 M4-1 提高了 5.8%。回归结果表明，平台解决方案部署个性化倒 U 形影响顾客数据脆弱性，且作用显著（$\beta = -0.101$，$p < 0.05$），即平台解决方案部署个性化先提高后降低顾客数据脆弱性，因此假设 5b 得到了支持。

模型 M4-4 将控制变量与自变量（平台解决方案设计个性化和平台解决方案部署个性化）同时放入全模型。在模型 M4-4 中，平台解决方案设计个性化（$\beta = 0.115$，$p < 0.01$）对顾客数据脆弱性的影响仍然为正向但作用显著，假设 5a 得到了支持；平台解决方案部署个性化的一次项（$\beta = -0.320$，$p < 0.001$）及其二次项（$\beta = -0.107$，$p < 0.05$）对顾客数据脆弱性的作用显著，假设 5b 进一步得到了支持。

5.2.5 顾客数据脆弱性的中介作用检验

表 5-5 中模型 M5-1—模型 M5-4 分别包括了所有的控制变量、自变量（平台解决方案设计个性化和平台解决方案部署个性化）以及中介变量（顾客心理所有权和顾客数据脆弱性），主要验证了中介变量顾客数据脆弱性在不同自变量与因变量顾客满意度之间的中介作用。$MAX_{VIF} = 1.901$，低于 10，此研究模型不存在明显的多重共线性。

表 5-5 顾客数据脆弱性的中介效应回归模型

变 量	顾客满意度			
	M5-1	M5-2	M5-3	M5-4
自变量				
平台解决方案设计个性化（SDN）		0.160***（5.005）	0.175***（5.517）	0.143***（4.561）
平台解决方案部署个性化（SDT）		0.341***（9.284）	0.299***（7.974）	0.231***（6.003）
SDT^2		0.103**（3.252）	0.089**（2.839）	0.107**（3.488）
中介变量				
顾客心理所有权				0.197***（5.626）
顾客数据脆弱性			−0.130***（−4.126）	−0.097**（−3.114）
控制变量				
性别	−0.050（−1.439）	−0.007（−0.225）	−0.005（−0.158）	−0.015（−0.511）
年龄	0.029（0.812）	0.020（0.604）	0.013（0.410）	0.001（0.044）
受教育程度	−0.073*（−2.026）	−0.066*（−2.028）	−0.051（−1.575）	−0.042（−1.345）
收入	0.168***（4.348）	0.086*（2.397）	0.067 †（1.884）	0.071*（2.060）
感知价格	0.614***（18.571）	0.432***（12.749）	0.417***（12.414）	0.389***（11.793）
R^2	0.446	0.554	0.568	0.593

变量	顾客满意度			
	M5-1	M5-2	M5-3	M5-4
ΔR^2		0.108	0.014	0.025
F 值	85.029***	81.595***	76.635***	76.171***

资料来源：根据顾客数据脆弱性中介效应检验的回归结果绘制。

注：$N = 534$，†表示 $p < 0.10$，*表示 $p < 0.05$，**表示 $p < 0.01$，***表示 $p < 0.001$，括号内为 t 值（双侧检验）。

模型 M5-1 只在方程中放入控制变量，模型 M5-2 在模型 M5-1 的基础上添加了自变量平台解决方案设计个性化和平台解决方案部署个性化一次项以及二次项，对顾客满意度的方差变异的解释程度比模型 M5-1 提高了 10.8%。根据回归结果可知，两个自变量平台解决方案设计个性化（$\beta = 0.160$，$p < 0.001$）和平台解决方案部署个性化二次项（$\beta = 0.103$，$p < 0.01$）分别对因变量顾客满意度有显著影响，因此可以继续实施顾客数据脆弱性的中介效应检验程序。

在此基础上，模型 M5-3 将所有自变量（平台解决方案设计个性化和平台解决方案部署个性化）和中介变量顾客数据脆弱性放入方程中，检验顾客数据脆弱性在不同自变量与因变量顾客满意度之间的中介效应是否存在。回归结果表明，顾客数据脆弱性对顾客满意度的影响作用为负并且显著（$\beta = -0.130$，$p < 0.001$），即顾客数据脆弱性降低了顾客满意度，因此，假设 6 得到了支持。结合模型 M4-4 可知，自变量平台解决方案个性化对顾客数据脆弱性的影响分别显著（$\beta = 0.115$，$p < 0.01$；$\beta = -0.107$，$p < 0.05$），同时，自变量平台解决方案个性化对因变量顾客满意度的影响仍然显著（$\beta = 0.175$，$p < 0.001$；$\beta = 0.089$，$p < 0.01$）。证明假设 7a 和假设 7b 成立，验证了顾客数据脆弱性分别部分中介不同平台解决方案个性化与因变量顾客满意度之间的关系。

模型 M5-4 将所有控制变量、自变量（平台解决方案设计个性化和平台解决方案部署个性化）与中介变量（顾客数据脆弱性和顾客心理所有权）同时放入全模型，其解释率为 59.3%。在模型 M5-4 中，中介变量顾客数据脆弱性对顾客满意度的影响仍是正的且显著（$\beta = -0.097$，$p < 0.01$），假设 6 再次得到了支持；平台解决方案个性化对因变量顾客满意度的回归系数仍然显著（$\beta = $

0.143，$p < 0.001$；$\beta = 0.107$，$p < 0.01$），而模型 M4-4 中平台解决方案个性化与顾客数据脆弱性之间的关系分别显著（$\beta = 0.115$，$p < 0.01$；$\beta = -0.107$，$p < 0.05$），假设 7a 和假设 7b 再次得到了支持，即顾客数据脆弱性在平台解决方案个性化与顾客满意度之间的关系中起部分中介作用。

5.3 调节效应及有调节的中介效应检验

本节将对消费者地区异质性（城市政商关系亲近和城市政商关系清白）、平台顾客旅程设计（接触点情境敏感性）以及平台关系治理 4 个调节变量对自变量（平台解决方案设计个性化和平台解决方案部署个性化）与因变量（顾客满意度）之间的直接效应以及中介效应的调节作用进行检验。通过层次回归分析，分别得到表 5-6—表 5-10 的回归结果。在开始假设检验之前，借鉴 Aiken 和 West（1991）的建议对自变量（平台解决方案设计个性化和平台解决方案部署个性化）和调节变量（城市政商关系亲近和城市政商关系清白、接触点情境敏感性和平台关系治理）进行中心化，克服潜在的多重共线性干扰，然后使中心化之后的各个变量逐步进入方程，并根据各模型中 MAX_{VIF} 判断多重共线性问题的存在性。本书总共有 17 个调节效应需要检验，详细分析过程和检验结果如下。

表 5-6 调节变量对平台解决方案个性化与顾客满意度之间
直接关系的调节效应回归结果

变　量	顾客满意度						
	M6-1	M6-2	M6-3	M6-4	M6-5	M6-6	M6-7
自变量							
平台解决方案设计个性化（SDN）		0.204*** (5.959)	0.057 (1.420)			0.160*** (5.005)	−0.054 (−1.406)

续表

变 量	顾客满意度						
	M6-1	M6-2	M6-3	M6-4	M6-5	M6-6	M6-7
平台解决方案部署个性化（SDT）				0.368*** (9.892)	0.253*** (4.154)	0.341*** (9.284)	0.212** (3.491)
SDT^2				0.111** (3.446)	0.005 (0.071)	0.103** (3.252)	0.023 (0.360)
调节变量							
城市政商关系亲近（Qjin）			−0.022 (−0.744)		−0.042 (−0.739)		−0.025 (−0.454)
城市政商关系清白（Qbai）					−0.038 (−0.922)		−0.043 (−1.081)
接触点情境敏感性（CJD）			0.417*** (12.111)				0.207*** (5.728)
平台关系治理（RG）					0.463*** (12.629)		0.359*** (8.707)
交互项							
SDN*Qjin			0.110** (3.063)				0.097** (2.891)
SDN*CJD			−0.071* (−2.365)				−0.056* (−1.994)
SDT*Qjin					0.138* (2.004)		0.099 (1.451)
SDT^2*Qjin					0.138† (1.826)		0.070 (0.937)
SDT*Qbai					0.020 (0.325)		0.045 (0.770)
SDT^2*Qbai					0.132† (1.784)		0.150* (2.078)
Qjin*Qbai					0.054 (0.816)		0.041 (0.635)
SDT*Qjin*Qbai					−0.167* (−2.354)		−0.168* (−2.438)
SDT^2*Qjin*Qbai					−0.168* (−2.133)		−0.159* (−2.083)
SDT*RG					−0.109** (−3.443)		−0.097** (−3.026)

续表

变　量	顾客满意度						
	M6-1	M6-2	M6-3	M6-4	M6-5	M6-6	M6-7
SDT^2*RG					-0.083^* （-2.208）		-0.071† （-1.885）
控制变量							
性别	-0.050 （-1.439）	-0.046 （-1.370）	-0.031 （-1.044）	-0.007 （-0.218）	0.000 （-0.003）	-0.007 （-0.225）	-0.004 （-0.160）
年龄	0.029 （0.812）	0.031 （0.882）	0.015 （0.490）	0.017 （0.529）	-0.014 （-0.502）	0.020 （0.604）	-0.010 （-0.374）
受教育程度	-0.073^* （-2.026）	-0.077^* （-2.197）	-0.042 （-1.351）	-0.062† （-1.873）	-0.020 （-0.691）	-0.066^* （-2.028）	-0.020 （-0.709）
收入	0.168^{***} （4.348）	0.129^{**} （3.394）	0.089^* （2.594）	0.112^{**} （3.112）	0.080^* （2.545）	0.086^{**} （2.397）	0.065^* （2.126）
感知价格	0.614^{***} （18.571）	0.552^{***} （16.363）	0.363^{***} （10.640）	0.471^{***} （13.940）	0.281^{***} （8.545）	0.432^{***} （12.749）	0.251^{***} （7.694）
R^2	0.446	0.481	0.599	0.533	0.671	0.554	0.695
ΔR^2		0.035	0.118	0.087	0.138	0.108	0.141
F 值	85.029^{***}	81.408^{***}	78.031^{***}	85.751^{***}	55.077^{***}	81.595^{***}	50.513^{***}

资料来源：根据调节变量对平台解决方案个性化与顾客满意度之间直接关系的调节效应回归结果绘制。

注：$N=534$，†表示 $p<0.10$，*表示 $p<0.05$，**表示 $p<0.01$，***表示 $p<0.001$，括号内为 t 值（双侧检验）。

表 5-7　调节变量对平台解决方案个性化与顾客心理所有权之间
关系的调节效应回归结果

变　量	顾客心理所有权						
	M7-1	M7-2	M7-3	M7-4	M7-5	M7-6	M7-7
自变量							
平台解决方案 设计个性化 （SDN）		0.194^{***} （4.589）	0.105^* （2.010）			0.140^{***} （3.585）	0.064 （1.302）
平台解决方案 部署个性化 （SDT）				0.452^{***} （10.869）	0.477^{***} （7.083）	0.432^{***} （10.407）	0.469^{***} （6.946）
调节变量							
城市政商关系 亲近（Qjin）			-0.009 （-0.227）		-0.053 （-1.319）		-0.050 （-1.275）

续表

变　量	顾客心理所有权						
	M7-1	M7-2	M7-3	M7-4	M7-5	M7-6	M7-7
城市政商关系清白（Qbai）					0.039 （1.012）		0.024 （0.620）
交互项							
SDN*Qjin			0.142** （2.888）				0.112** （2.393）
SDT*Qjin					0.061 （1.177）		0.028 （0.532）
SDT*Qbai					−0.085 （−1.477）		−0.075 （−1.323）
控制变量							
性别	−0.005 （−0.129）	−0.002 （−0.043）	−0.005 （−0.110）	0.052 （1.340）	0.042 （1.082）	0.052 （1.358）	0.042 （1.099）
年龄	0.064 （1.460）	0.065 （1.521）	0.073† （1.704）	0.060 （1.525）	0.055 （1.380）	0.062 （1.573）	0.064 （1.625）
受教育程度	−0.082† （−1.862）	−0.085* （−1.979）	−0.086* （−1.981）	−0.062 （−1.547）	−0.060 （−1.486）	−0.065† （−1.651）	−0.064 （−1.606）
收入	0.106* （2.233）	0.069 （1.451）	0.069 （1.444）	0.027 （0.617）	0.035 （0.786）	0.004 （0.081）	0.011 （0.245）
感知价格	0.374*** （9.230）	0.314*** （7.528）	0.322*** （7.716）	0.187*** （4.634）	0.184*** （4.548）	0.153*** （3.725）	0.161*** （3.904）
R^2	0.170	0.202	0.214	0.322	0.329	0.338	0.351
ΔR^2		0.032	0.012		0.007		0.012
F 值	21.606***	22.200***	17.893***	41.690***	25.608***	38.374***	23.432***

资料来源：根据调节变量对平台解决方案个性化与中介变量顾客心理所有权之间关系的调节效应回归结果绘制。

注：N=534，†表示 $p < 0.10$，*表示 $p < 0.05$，**表示 $p < 0.01$，***表示 $p < 0.001$，括号内为 t 值（双侧检验）。

表 5-8　调节变量对平台方案个性化与顾客数据脆弱性之间关系的调节效应回归结果

变　量	顾客数据脆弱性						
	M8-1	M8-2	M8-3	M8-4	M8-5	M8-6	M8-7
自变量							
平台解决方案设计个性化（SDN）		0.075† （1.658）	0.136* （2.443）			0.115** （2.623）	0.156** （2.802）

续表

变 量	顾客数据脆弱性						
	M8-1	M8-2	M8-3	M8-4	M8-5	M8-6	M8-7
平台解决方案部署个性化（SDT）				-0.301^{***} （-6.026）	-0.186^{*} （-2.231）	-0.320^{***} （-6.375）	-0.232^{**} （-2.741）
SDT^2				-0.101^{*} （-2.328）	-0.087 （-1.009）	-0.107^{*} （-2.477）	-0.113 （-1.309）
调节变量							
城市政商关系亲近（Qjin）			-0.018 （-0.415）		-0.016 （-0.295）		-0.018 （-0.346）
城市政商关系清白（Qbai）					0.075 （1.510）		0.065 （1.325）
交互项							
SDN*Qjin			-0.098† （-1.866）				-0.065 （-1.231）
SDT*Qjin					-0.090 （-1.405）		-0.060 （-0.905）
SDT^2*Qjin					0.059 （0.732）		0.087 （1.068）
SDT*Qbai					-0.065 （-0.908）		-0.055 （-0.777）
SDT^2*Qbai					-0.087 （-1.306）		-0.093 （-1.391）
控制变量							
性别	0.051 （1.168）	0.053 （1.201）	0.052 （1.166）	0.017 （0.390）	0.022 （0.514）	0.017 （0.392）	0.024 （0.558）
年龄	-0.062 （-1.350）	-0.061 （-1.340）	-0.067 （-1.460）	-0.051 （-1.157）	-0.051 （-1.155）	-0.050 （-1.130）	-0.052 （-1.177）
受教育程度	0.127^{**} （2.775）	0.126^{**} （2.750）	0.130^{**} （2.811）	0.119^{**} （2.672）	0.115^{*} （2.533）	0.116^{**} （2.627）	0.116^{*} （2.572）
收入	-0.171^{**} （-3.452）	-0.185^{***} （-3.691）	-0.181^{***} （-3.558）	-0.126^{*} （-2.585）	-0.139^{**} （-2.814）	-0.145^{**} （-2.963）	-0.157^{**} （-3.154）
感知价格	-0.206^{***} （-4.878）	-0.229^{***} （-5.160）	-0.232^{***} （-5.215）	-0.089† （-1.961）	-0.094^{*} （-2.071）	-0.117^{*} （-2.516）	-0.126^{**} （-2.709）
R^2	0.096	0.101	0.107	0.154	0.167	0.165	0.180
ΔR^2		0.005	0.006	0.058	0.012	0.069	0.014
F 值	11.193^{***}	9.817^{***}	7.857^{***}	13.704^{***}	8.000^{***}	12.985^{***}	7.562^{***}

资料来源：根据调节变量对平台方案个性化与顾客数据脆弱性之间关系的调节效应回归结果绘制。

注：N=534，†表示 $p < 0.10$，*表示 $p < 0.05$，**表示 $p < 0.01$，***表示 $p < 0.001$，括号内为 t 值（双侧检验）。

表 5-9　研究模型有调节的中介效应检验汇总

变量	顾客心理所有权		顾客数据脆弱性		顾客满意度				
	M9-2	M9-3	M9-4	M9-5	M9-1	M9-6	M9-7	M9-8	M9-9
自变量									
平台解决方案设计个性化（SDN）	0.140*** (3.585)	0.064 (1.302)	0.115** (2.623)	0.156** (2.802)	−0.054 (−1.406)	−0.038 (−0.994)	−0.030 (−0.790)	−0.033 (−0.865)	−0.023 (−0.613)
平台解决方案部署个性化（SDT）	0.432*** (10.407)	0.469*** (6.946)	−0.320*** (−6.375)	−0.232** (−2.741)	0.212** (3.491)	0.190** (3.124)	0.183** (3.047)	0.158* (2.594)	0.166** (2.742)
SDT^2			−0.107* (−2.477)	−0.113 (−1.309)	0.023 (0.360)	0.042 (0.645)	0.009 (0.143)	0.016 (0.247)	0.022 (0.347)
中介变量									
顾客心理所有权（CPO）						0.083* (2.484)		0.090** (2.791)	0.070* (2.095)
顾客数据脆弱性（CDV）							−0.092** (−3.426)	−0.085** (−3.131)	−0.082** (−3.015)
调节变量									
城市政商关系亲近（Qjin）		−0.050 (−1.275)		−0.018 (−0.346)	−0.025 (−0.454)	−0.013 (−0.249)	−0.022 (−0.412)	−0.020 (−0.368)	−0.016 (−0.295)
城市政商关系清白（Qbai）		0.024 (0.620)		0.065 (1.325)	−0.043 (−1.081)	−0.042 (−1.073)	−0.036 (−0.937)	−0.033 (−0.853)	−0.036 (−0.930)
接触点情境敏感性（CJD）					0.207*** (5.728)	0.185*** (5.111)	0.205*** (5.754)	0.201*** (5.645)	0.191*** (5.295)
平台关系治理（RG）					0.359*** (8.707)	0.336*** (7.936)	0.343*** (8.380)	0.312*** (7.445)	0.325*** (7.708)
交互项									
SDN*Qjin		0.112* (2.393)		−0.065 (−1.231)	0.097** (2.891)	0.076* (2.258)	0.087** (2.630)	0.084* (2.517)	0.074* 2.229
SDN*CJD					−0.056* (−1.994)	−0.037 (−1.271)	−0.053† (−1.933)	−0.055* (−1.996)	−0.043 (−1.499)
SDT*Qbai		−0.075 (−1.323)		−0.055 (−0.777)	0.045 (0.770)	0.033 (0.576)	0.038 (0.669)	0.054 (0.946)	0.035 (0.609)
SDT^2*Qbai				−0.093 (−1.391)	0.150* (2.078)	0.149* (2.096)	0.159* (2.249)	0.143* (2.021)	0.156* (2.208)

续表

变量	顾客心理所有权		顾客数据脆弱性		顾客满意度				
	M9-2	M9-3	M9-4	M9-5	M9-1	M9-6	M9-7	M9-8	M9-9
SDT*Qjin		0.028 (0.532)		−0.060 (−0.905)	0.099 (1.451)	0.106 (1.559)	0.117† (1.727)	0.106 (1.572)	0.118† (1.755)
SDT²*Qjin				0.087 (1.068)	0.070 (0.937)	0.047 (0.623)	0.070 (0.957)	0.099 (1.346)	0.064 (0.849)
SDT*RG					−0.097** (−3.026)	−0.086** (−2.606)	−0.085** (−2.606)	−0.105** (−3.332)	−0.085* (−2.544)
SDT²*RG					−0.071† (−1.885)	−0.066† (−1.797)	−0.063† (−1.699)	−0.066† (−1.782)	−0.061† (−1.670)
Qbai*Qjin					0.041 (0.635)	0.035 (0.557)	0.035 (0.551)	0.031 (0.485)	0.031 (0.497)
SDT*Qbai*Qjin					−0.168* (−2.438)	−0.161* (−2.370)	−0.185** (−2.713)	−0.182** (−2.665)	−0.179** (−2.639)
SDT²*Qbai*Qjin					−0.159* (−2.083)	−0.152* (−2.007)	−0.157* (−2.069)	−0.173* (−2.294)	−0.156* (−2.069)
CPO*CJD							−0.067* (−2.154)		−0.037 (−1.126)
CDV*CJD							0.095** (2.902)		0.079* (2.305)
CDV*RG							−0.023 (−0.682)		−0.025 (−0.753)
控制变量									
性别	0.052 (1.358)	0.042 (1.099)	0.017 (0.392)	0.024 (0.558)	−0.004 (−0.160)	−0.015 (−0.578)	−0.010 (−0.368)	−0.006 (−0.229)	−0.015 (−0.583)
年龄	0.062 (1.573)	0.064 (1.625)	−0.050 (−1.130)	−0.052 (−1.177)	−0.010 (−0.374)	−0.016 (−0.582)	−0.017 (−0.619)	−0.017 (−0.628)	−0.020 (−0.733)
受教育程度	−0.065† (−.651)	−0.064 (−1.606)	0.116** (2.627)	0.116* (2.572)	−0.020 (−0.709)	−0.015 (−0.543)	−0.010 (−0.362)	−0.008 (−0.283)	−0.007 (−0.266)
收入	0.004 (0.081)	0.011 (0.245)	−0.145** (−2.963)	−0.157** (−3.154)	0.065* (2.126)	0.063* (2.083)	0.052† (1.722)	0.051† (1.656)	0.052† (1.725)
感知价格	0.153*** (3.725)	0.161*** (3.904)	−0.117* (−2.516)	−0.126** (−2.709)	0.251*** (7.694)	0.248*** (7.691)	0.250*** (7.779)	0.243*** (7.573)	0.247*** (7.730)
R^2	0.338	0.351	0.165	0.180	0.695	0.704	0.708	0.707	0.713
ΔR^2		0.012		0.014		0.009	0.013	0.012	0.018
模型 F 值	38.374***	23.432***	12.985***	7.562***	50.513***	48.297***	47.370***	48.988***	44.724***

资料来源：根据平台解决方案个性化与顾客满意度之间关系有调节的中介效应检验回归结果绘制。

注：N=534，†表示 $p < 0.10$，*表示 $p < 0.05$，**表示 $p < 0.01$，***表示 $p < 0.001$，括号内为 t 值（双侧检验）。

表 5-10　研究假设结果

序　号	假　　设	结　果
假设 1	平台解决方案个性化会影响顾客满意度	成立
假设 1a	平台解决方案设计个性化正向影响顾客满意度	支持
假设 1b	平台解决方案部署个性化 U 形影响顾客满意度	支持
假设 2	平台解决方案个性化正向影响顾客心理所有权	成立
假设 2a	平台解决方案设计个性化正向影响顾客心理所有权	支持
假设 2b	平台解决方案部署个性化正向影响顾客心理所有权	支持
假设 3	顾客心理所有权正向影响顾客满意度	支持
假设 4	顾客心理所有权在平台解决方案个性化与顾客满意度之间起中介作用	成立
假设 4a	顾客心理所有权在平台解决方案设计个性化与顾客满意度之间起中介作用	支持
假设 4b	顾客心理所有权在平台解决方案部署个性化与顾客满意度之间起中介作用	支持
假设 5	平台解决方案个性化会影响顾客数据脆弱性	成立
假设 5a	平台解决方案设计个性化正向影响顾客数据脆弱性	支持
假设 5b	平台解决方案部署个性化倒 U 形影响顾客数据脆弱性	支持
假设 6	顾客数据脆弱性负向影响顾客满意度	支持
假设 7	顾客数据脆弱性在平台解决方案个性化与顾客满意度之间起中介作用	成立
假设 7a	顾客数据脆弱性在平台解决方案设计个性化与顾客满意度之间起中介作用	支持
假设 7b	顾客数据脆弱性在平台解决方案部署个性化与顾客满意度之间起中介作用	支持
假设 8	消费者地区异质性（城市政商关系亲近）调节平台解决方案个性化与顾客满意度之间的关系	部分成立
假设 8a	消费者地区异质性（城市政商关系亲近）负向调节平台解决方案设计个性化与顾客满意度之间的直接关系	支持
假设 8b	顾客心理所有权在平台解决方案设计个性化与顾客满意度之间的中介效应受到消费者地区异质性（城市政商关系亲近）的负向调节	支持
假设 8c	顾客心理所有权在平台解决方案部署个性化与顾客满意度之间的中介效应受到消费者地区异质性（城市政商关系亲近）的负向调节	不支持
假设 8d	顾客数据脆弱性在平台解决方案设计个性化与顾客满意度之间的中介效应受到消费者地区异质性（城市政商关系亲近）的负向调节	不支持
假设 8f	顾客数据脆弱性在平台解决方案部署个性化与顾客满意度之间的中介效应受到消费者地区异质性（城市政商关系亲近）的负向调节	不支持
假设 9a	顾客心理所有权在平台解决方案部署个性化与顾客满意度之间的中介效应受到消费者地区异质性（城市政商关系清白）的正向调节	不支持
假设 9b	顾客数据脆弱性在平台解决方案部署个性化与顾客满意度之间的中介效应受到消费者地区异质性（城市政商关系清白）的负向调节	不支持

序　号	假　设	结　果
假设 10a	消费者地区异质性（城市政商关系清白）正向调节平台解决方案部署个性化与顾客满意度之间的 U 形关系	支持
假设 10b	消费者地区异质性（城市政商关系亲近）削弱了消费者地区异质性（城市政商关系清白）对平台解决方案部署个性化与顾客满意度之间 U 形关系的增强效应	支持
假设 11	平台顾客旅程设计（接触点情境敏感性）调节平台解决方案个性化与顾客满意度之间的关系	部分支持
假设 11a	平台顾客旅程设计（接触点情境敏感性）正向调节平台解决方案设计个性化与顾客满意度之间的直接关系	不支持
假设 11b	顾客心理所有权在平台解决方案设计个性化与顾客满意度之间的中介效应受到平台顾客旅程设计（接触点情境敏感性）的负向调节	支持
假设 11c	顾客心理所有权在平台解决方案部署个性化与顾客满意度之间的中介效应受到平台顾客旅程设计（接触点情境敏感性）的负向调节	支持
假设 11d	顾客数据脆弱性在平台解决方案设计个性化与顾客满意度之间的中介效应受到平台顾客旅程设计（接触点情境敏感性）的负向调节	支持
假设 11f	顾客数据脆弱性在平台解决方案部署个性化与顾客满意度之间的中介效应受到平台顾客旅程设计（接触点情境敏感性）的负向调节	不支持
假设 12	平台关系治理调节平台解决方案个性化与顾客满意度之间的关系	部分支持
假设 12a	平台关系治理负向调节平台解决方案部署个性化与顾客满意度之间的 U 形关系	支持
假设 12b	顾客数据脆弱性在平台解决方案设计个性化与顾客满意度之间的中介效应受到平台关系治理的负向调节	不支持
假设 12c	顾客数据脆弱性在平台解决方案部署个性化与顾客满意度之间的中介效应受到平台关系治理的负向调节	不支持

5.3.1　调节变量对自变量与因变量之间直接关系的调节效应检验

如表 5-6 所示，模型 M6-1—模型 M6-7 分别包括了所有的控制变量、自变量（平台解决方案设计个性化和平台解决方案部署个性化）、中介变量（顾客心理所有权和顾客数据脆弱性）、调节变量（消费者地区异质性、平台顾客旅程设计和平台关系治理），以及自变量（平台解决方案个性化）与调节变量（城市政商关系亲近和城市政商关系清白、接触点情境敏感性和平台关系治理）的交互项，主要验证了不同的调节变量对自变量平台解决方案个性化与因变量顾客满意度的直接关系的调节作用。VIF 符合要求使本研究规避了严重的多重共线性问题。

具体而言，模型 M6-1 作为基准模型，仅放入控制变量，检验其对因变量顾客满意度的影响作用。模型 M6-2、M6-4、M6-6 与模型 M6-1 相比，分别增加了自变量平台解决方案设计个性化、平台解决方案部署个性化以及两个自变量，各自变量加入方程后对顾客满意度的方差变异的解释程度较模型 M6-1 分别提升了 3.5%、8.7%、10.8%。前文对自变量与因变量之间的回归结果已作出解释。模型 M6-3、M6-5、M6-7 分别在模型 M6-2、M6-4、M6-6 的基础上，将对应调节变量加入各自方程中。下面针对各个调节变量（城市政商关系亲近和城市政商关系清白、接触点情境敏感性和平台关系治理）的调节效应进行检验。

1. 调节变量对平台解决方案设计个性化与顾客满意度之间关系的调节效应检验

本研究提出了消费者地区异质性（城市政商关系亲近）弱化以及平台顾客旅程设计（接触点情境敏感性）强化平台解决方案设计个性化与顾客满意度之间的正向关系（假设 8a 和假设 11a）的研究假设。

模型 M6-3 对上述假设关系进行了显著性检验。模型 M6-3 与模型 M6-2 相比，添加了平台解决方案设计个性化及城市政商关系亲近的交互项和平台解决方案设计个性化及接触点情境敏感性的交互项，回归结果显示，模型 M6-2 中平台解决方案设计个性化与顾客满意度的回归系数为正且显著（$\beta = 0.204$，$p < 0.001$），模型 M6-3 中平台解决方案设计个性化与消费者地区异质性（城市政商关系亲近）的交互项系数为正且显著（$\beta = 0.110$，$p < 0.01$），即城市政商关系亲近弱化了平台解决方案设计个性化与顾客满意度之间的正向关系；而平台解决方案设计个性化与接触点情境敏感性的交互项系数为负且显著（$\beta = -0.071$，$p < 0.05$），即接触点情境敏感性弱化了平台解决方案设计个性化与顾客满意度之间的正向关系（与假设 11a 反向）。假设 8a 初步得到了验证。

对回归结果进一步分析，模型 M6-6 中平台解决方案设计个性化与顾客满意度的回归系数为正且依然显著（$\beta = 0.160$，$p < 0.001$），模型 M6-7 中平台解决方案设计个性化与消费者地区异质性（城市政商关系亲近）的交互项系数为正且显著（$\beta = 0.097$，$p < 0.01$），平台解决方案设计个性化与接触点情境敏感性的交互项系数为负且显著（$\beta = -0.056$，$p < 0.05$）。因此，假设 8a 得到了支持，假设 11a 得到了与原假设反向的结果。

2. 调节变量对平台解决方案部署个性化与顾客满意度之间关系的调节效应检验

本研究分别提出了消费者地区异质性（城市政商关系清白）强化了平台解决方案部署个性化与顾客满意度之间的 U 形关系（假设 10a）、消费者地区异质性（城市政商关系亲近）弱化了城市政商关系清白对平台解决方案部署个性化与顾客满意度之间关系的正向调节作用（假设 10b）和平台关系治理弱化了平台解决方案部署个性化与顾客满意度之间的 U 形关系（假设 12a）的研究假设。

模型 M6-4—模型 M6-7 对上述假设关系进行了显著性检验。模型 M6-5 与模型 M6-4 相比，添加了平台解决方案部署个性化与各个调节变量的交互项以及调节变量城市政商关系清白和城市政商关系亲近之间的交互项，回归结果显示，模型 M6-5 中平台解决方案部署个性化平方项与消费者地区异质性（城市政商关系清白）的回归系数为正且边际显著（$\beta = 0.132$，$p < 0.10$），即城市政商关系清白强化了平台解决方案部署个性化与顾客满意度之间的 U 形关系；同时，平台解决方案部署个性化平方项与消费者地区异质性（城市政商关系清白和城市政商关系亲近）的三项交互系数为负且显著（$\beta = -0.168$，$p < 0.05$），即城市政商关系亲近弱化了城市政商关系清白对平台解决方案部署个性化与顾客满意度之间关系的正向调节作用；平台解决方案部署个性化平方项与平台关系治理的交互项系数为负且显著（$\beta = -0.083$，$p < 0.05$），即平台关系治理弱化了平台解决方案部署个性化与顾客满意度之间的 U 形关系。假设 10a、假设 10b 和假设 12a 初步得到了验证。

模型 M6-6 和模型 M6-7 分别是自变量（平台解决方案个性化）到因变量（顾客满意度）以及包括自变量（平台解决方案个性化）与调节变量（城市政商关系亲近和城市政商关系清白、接触点情境敏感性和平台关系治理）的相应交互项在内的全模型。回归结果表明，模型 M6-6 中平台解决方案部署个性化的平方项与因变量顾客满意度的关系为正向且显著（$\beta = 0.103$，$p < 0.01$），平台解决方案部署个性化平方项与消费者地区异质性（城市政商关系清白）的交互项系数为正且显著（$\beta = 0.150$，$p < 0.05$），平台解决方案部署个性化平方项与消费者地区异质性（城市政商关系清白和城市政商关系亲近）三项的交互回归系数为负且显著（$\beta = -0.159$，$p < 0.05$），平台解决方案部署个性化平方项与平台关系治理的交互项系数为负且边际显著（$\beta = -0.071$，$p < 0.10$）。因此，假设 10a、假设 10b 和假设 12a 得到了支持。

5.3.2 调节变量对自变量与中介变量之间关系的调节效应检验

如表 5-7 和表 5-8 所示，各自模型中分别包括了所有的控制变量、自变量（平台解决方案设计个性化和平台解决方案部署个性化）、中介变量（顾客心理所有权和顾客数据脆弱性）、调节变量（消费者地区异质性），以及自变量与调节变量的交互项，主要验证了不同的调节变量对自变量平台解决方案个性化与不同中介变量之间关系的调节作用。Max_{VIF} 为 4.609，严重的多重共线性问题并不存在。以下是对各个调节变量（消费者地区异质性）的调节效应进行的检验。

1. 调节变量对平台解决方案个性化与中介变量顾客心理所有权之间关系的调节效应检验

根据有调节的中介效应检验程序，本研究首先对平台解决方案设计个性化与顾客心理所有权之间的正向关系是否受到消费者地区异质性（城市政商关系亲近）的负向调节（为进一步判断假设 8b 是否成立做准备）、平台解决方案部署个性化与顾客心理所有权之间的正向关系是否受到消费者地区异质性（城市政商关系亲近和城市政商关系清白）的负向或正向调节（为进一步判断假设 8c 和假设 9a 是否成立做准备）进行检验。

　　表 5-7 显示，模型 M7-1 作为基准模型，仅放入控制变量，检验其对中介变量顾客心理所有权的影响作用。模型 M7-2、M7-4、M7-6 与模型 M7-1 相比，分别增加了自变量平台解决方案设计个性化、平台解决方案部署个性化以及同时放入两个自变量，各自变量加入方程后对顾客满意度的方差变异的解释程度较模型 M7-1 分别提升了 3.2%、15.2%、16.8%。模型 M7-3、M7-5、M7-7 分别在模型 M7-2、M7-4、M7-6 的基础上，将对应调节变量放入各自方程中。根据回归结果，M7-7 中平台解决方案设计个性化与城市政商关系亲近的交互项系数为正且显著（$\beta = 0.112$，$p < 0.01$），即消费者地区异质性（城市政商关系亲近）弱化了平台解决方案设计个性化与顾客心理所有权之间的正向关系，因此假设 8b 得到了支持；但平台解决方案部署个性化与消费者地区异质性（城市政商关系亲近）的交互项系数为正且不显著（$\beta = 0.028$，$p > 0.10$），平台解决方案部署个性化与消费者地区异质性（城市政商关系清白）的交互项系数为负且不显著（$\beta = -0.075$，$p > 0.10$），因此，假设 8c、假设 9a 并未得到支持，假设 8b 进入下一步检验程序。

2. 调节变量对平台解决方案个性化与中介变量顾客数据脆弱性之间关系的调节效应检验

　　根据有调节的中介效应检验程序，本研究首先对平台解决方案设计个性化与顾客数据脆弱性之间的正向关系以及平台解决方案部署个性化与顾客数据脆弱性之间的倒 U 形关系是否受到消费者地区异质性（城市政商关系亲近）的负向调节（为进一步判断假设 8d 和假设 8f 是否成立做准备）、平台解决方案部署个性化与顾客数据脆弱性之间的倒 U 形关系是否受到消费者地区异质性（城市政商关系清白）的负向调节（为进一步判断假设 9b 是否成立做准备）进行检验。

　　表 5-8 中模型 M8-1 仅放入控制变量。模型 M8-2、M8-4、M8-6 与模型 M8-1 相比，分别增加了自变量平台解决方案设计个性化、平台解决方案部署个性化以及同时放入两个自变量，各自变量加入方程后对顾客满意度的方差变异的解释程度较模型 M8-1 分别提升了 0.5%、5.8%、6.9%。模型 M8-3、M8-5、M8-7 分别在模型 M8-2、M8-4、M8-6 的基础上，将对应调节变量放入各自方程中。

回归结果表明，模型 M8-7 中平台解决方案设计个性化与消费者地区异质性（城市政商关系亲近）的交互项系数为负但不显著（$\beta = -0.065$，$p > 0.10$）；平台解决方案部署个性化平方项与消费者地区异质性（城市政商关系亲近）的交互项系数为正且不显著（$\beta = 0.087$，$p > 0.10$），平台解决方案部署个性化平方项与消费者地区异质性（城市政商关系清白）的交互项系数是负的，并且是不显著的（$\beta = -0.093$，$p > 0.10$），因此，假设 8d、假设 8f 和假设 9b 均未得到支持。

5.3.3 调节变量对自变量与因变量之间中介关系的调节效应检验

由表 5-9 可知，模型 M9-1、模型 M9-6—模型 M9-9 分别包括了 5 个控制变量、自变量（平台解决方案个性化）、中介变量（顾客心理所有权和顾客数据脆弱性）、调节变量（消费者地区异质性、平台顾客旅程设计和平台关系治理），以及调节变量分别与自变量和中介变量的交互项，验证了不同的调节变量（城市政商关系亲近和城市政商关系清白、接触点情境敏感性和平台关系治理）对自变量（平台解决方案设计个性化和平台解决方案部署个性化）通过中介变量（顾客心理所有权和顾客数据脆弱性）作用于因变量（顾客满意度）的间接关系的调节作用。VIF 处于（0，10）范围内，本研究不存在严重的多重共线性问题。下面针对相关调节变量有调节的中介效应进行检验，并且根据 Muller 等（2005）和温忠麟等（2014）提出的有调节的中介效应分析步骤作出判断。表 5-9 囊括了前半路径（自变量和中介变量之间的关系）和后半路径（中介变量和因变量之间的关系）的调节效应分析模型。

由表 5-9 可知，模型 M9-2—模型 M9-5 分别包括了所有的控制变量、自变量（平台解决方案设计个性化和平台解决方案部署个性化）、调节变量（消费者地区异质性），以及自变量与调节变量的交互项，主要验证了不同的调节变量对自变量与中介变量之间关系的调节作用。模型 M9-6 在模型 M9-1 的基础上加入中介变量顾客心理所有权以及顾客心理所有权与平台顾客旅程设计的交互项，对顾客满意度的方差变异的解释程度较模型 M9-1 提升了 0.9%。模型

M9-7是在模型M9-1的基础上添加了中介变量顾客数据脆弱性与其对应调节变量的交互项，对顾客满意度的方差变异的解释程度较模型 M9-1 提升了 1.3%。结果表明，模型 M9-9 中顾客心理所有权与接触点情境敏感性的交互项系数为负但不显著（$\beta = -0.037$，$p > 0.10$）；但顾客数据脆弱性与接触点情境敏感性的交互项系数为正且显著（$\beta = 0.079$，$p < 0.05$），即接触点情境敏感性弱化了顾客数据脆弱性与顾客满意度之间的负向关系；顾客数据脆弱性与平台关系治理的交互项系数为负且不显著（$\beta = -0.025$，$p > 0.10$），因此，假设 11b、11c、12b、12c 未得到支持。

综合模型 M9-1—模型 M9-9 的回归结果进行分析，结论如下。

就平台解决方案个性化通过顾客心理所有权影响顾客满意度的中介关系而言，模型 M9-3 中平台解决方案设计个性化与消费者地区异质性（城市政商关系亲近）的交互项系数为正且显著（$\beta = 0.112$，$p < 0.05$），同时，模型 M9-9 中中介变量顾客心理所有权正向影响顾客满意度且影响显著（$\beta = 0.070$，$p < 0.05$）。因此，中介效应（平台解决方案设计个性化与顾客心理所有权之间的关系）受到消费者异质性（城市政商关系亲近）的调节，假设 8b 成立。但进一步单独考虑自变量到中介变量顾客心理所有权再到因变量顾客满意度的关系时，模型 M9-6 中中介变量顾客心理所有权与平台顾客旅程设计（接触点情境敏感性）的交互项系数为负且显著（$\beta = -0.067$，$p < 0.05$），模型 M9-3 中平台解决方案部署个性化正向影响顾客心理所有权，且作用显著（$\beta = 0.469$，$p < 0.001$），因此，单独考虑自变量通过中介变量顾客心理所有权对顾客满意度施加影响时，首先，顾客心理所有权在平台解决方案设计个性化与顾客满意度之间的中介效应同时受到消费者地区异质性（城市政商关系亲近）和平台顾客旅程设计（接触点情境敏感性）的调节，即消费者地区异质性（城市政商关系亲近）调节中介效应的前半段关系（平台解决方案设计个性化与顾客心理所有权），平台顾客旅程设计（接触点情境敏感性）调节中介效应的后半段关系（顾客心理所有权与顾客满意度）；其次，顾客心理所有权在平台解决方案部署个性化与顾客满意度之间的中介效应受到平台顾客旅程设计（接触点情境敏感性）的调节。因此，假设 11b、假设 11c 在仅考虑中介变量顾客心理所有权时

得到了支持。

就平台解决方案个性化通过顾客数据脆弱性影响顾客满意度的中介关系而言，模型 M9-5 中平台解决方案设计个性化对顾客数据脆弱性的影响作用为正且显著（$\beta = 0.156$，$p < 0.01$），平台解决方案部署个性化平方项对顾客数据脆弱性的影响作用为负但并不显著（$\beta = -0.113$，$p > 0.10$），而平台解决方案设计个性化与消费者地区异质性（城市政商关系亲近）的交互项系数为负且不显著（$\beta = -0.065$，$p > 0.10$），平台解决方案部署个性化平方项与消费者异质性（城市政商关系亲近和城市政商关系清白）的交互项系数符号不同且均不显著（$\beta = 0.087$，$p > 0.10$；$\beta = -0.093$，$p > 0.10$）；同时，模型 M9-9 中中介变量顾客数据脆弱性与平台顾客旅程设计（接触点情境敏感性）的交互项系数为正且显著（$\beta = 0.079$，$p < 0.05$），而中介变量顾客数据脆弱性与平台关系治理的交互项系数为负但不显著（$\beta = -0.025$，$p > 0.10$）。综合上述回归结果可知，顾客数据脆弱性在平台解决方案设计个性化与顾客满意度之间的中介效应（顾客数据脆弱性和顾客满意度之间的关系）受到平台顾客旅程设计（接触点情境敏感性）的调节。因此，假设 11d 成立，而假设 11f 未得到支持。

5.4　本章小结

本章首先对层次回归分析、中介效应分析和有调节的中介效应分析进行了简单介绍，并利用这些数据分析技术和方法对第 3 章提出的研究假设进行了检验。通过研究模型的实证检验，自变量平台解决方案个性化与因变量顾客满意度的直接效应以及两个中介效应假设均得到了数据的支持。同时，本书验证了多个调节以及有调节的中介效应。回归结果显示，假设 8c、假设 8d、假设 8f、假设 9a、假设 9b、假设 11f 以及假设 12b 和假设 12c 未能得到支持，假设 11a 数据结果与原假设调节作用反向。

第6章
结论与启示

6.1 结 果 讨 论

本书以在线教育平台解决方案个性化为研究背景，基于价值共创和价值共毁视角、信号理论和心理契约理论，从设计和部署两个方面展开平台解决方案个性化对顾客满意度的影响机制研究。具体而言，本书提出了平台解决方案个性化对顾客满意度的影响是一把"双刃剑"，其中顾客心理所有权与顾客数据脆弱性分别构成了价值共创和价值共毁作用路径。此外，本书结合消费者地区异质性、平台顾客旅程设计和平台关系治理的情境因素，选择城市政商关系亲近和城市政商关系清白、接触点情境敏感性和平台关系治理作为调节变量，探究调节效应以及有调节的中介效应。通过实证探讨，本研究得出以下结果。

6.1.1 平台解决方案个性化对顾客满意度的影响机制识别

1. 平台解决方案个性化对顾客满意度的直接影响

本书提出，随着平台解决方案个性化的增加，顾客满意度会发生变化。一方面，随着平台解决方案设计个性化的深入，顾客参与共同设计会促进其自我表达、创新性以及对控制感、有用性、乐趣、关系质量的感知，因此，平台解决方案设计个性化会提升顾客满意度。根据实证结果，平台解决方案设计个性化与顾客满意度之间的关系为正且显著（$\beta = 0.160$，$p < 0.001$），因此，顾客满意度随着平台解决方案设计个性化的增加而逐渐提升。另一方面，随着平台解决方案部署个性化开始，顾客参与极大地提高了服务过程的不确定性，由于员工任务的复杂性、控制感丧失，顾客可能因角色模糊和负荷产生情绪倦怠，从而降低顾客满意度。但随着平台解决方案部署个性化加深，顾客与员工的互动、了解提升了其心理和行为上的控制感，甚至对于服务失败责任归因以及服务补救的满意度也会提升，从而提升了顾客满意度。根据实证结果，平台解决方案部署个性化的平方项与顾客满意度之间的关系为正且显著（$\beta = 0.103$，$p < 0.01$）。因此，平台解决方案部署个性化 U 形影响顾客满意度。

2. 平台解决方案个性化对顾客心理所有权和顾客数据脆弱性的影响

首先，本书提出，平台解决方案个性化（设计个性化和部署个性化）不同程度地影响顾客心理所有权。随着个性化逐渐深入，顾客参与导致顾客对解决方案的自我投入（时间、精力等）、亲密了解（建立自己与事物的联系）以及控制感（提升自我效能）日益增强，进而促使顾客心理所有权强化。因此，平台解决方案个性化强化了顾客心理所有权。本书的实证结果指出，平台解决方案设计个性化（$\beta = 0.140$，$p < 0.001$）和平台解决方案部署个性化（$\beta = 0.432$，$p < 0.001$）对顾客心理所有权的影响均为正且显著，而且相比设计个性化，部署个性化对顾客心理所有权的强化更加明显。

其次，平台解决方案个性化（设计个性化和部署个性化）对顾客数据脆弱性产生差异性影响。平台进行解决方案设计个性化时，需要顾客提供实时、大量的数据或信息帮助其确定解决问题的能力、限制条件和方法，造成顾客对数据隐私的关注、数据脆弱性的感知超过了其对个性化利益或者价值的感知，由此产生强烈的情感侵犯和认知不信任。而当平台解决方案部署个性化深入，一方面，顾客与平台关系逐渐建立并且彼此的信任增强，另一方面，顾客自我投入、熟悉度以及感知控制感的增强，促进其对解决方案个性化价值感知的提升，顾客数据脆弱性逐渐被弱化了。因此，本书分别提出，平台解决方案设计个性化提升顾客数据脆弱性，而平台解决方案部署个性化倒 U 形影响顾客数据脆弱性。根据实证结果，平台解决方案设计个性化与顾客数据脆弱性之间的关系为正且显著（$\beta = 0.115$，$p < 0.01$），因此，随着平台解决方案设计个性化的增加，顾客数据脆弱性逐渐增强；平台解决方案部署个性化的平方项与顾客数据脆弱性之间的关系为负且显著（$\beta = -0.107$，$p < 0.05$），因此，平台解决方案部署个性化倒 U 形影响顾客数据脆弱性。

3. 顾客心理所有权和顾客数据脆弱性对顾客满意度的影响

首先，本书认为，顾客心理所有权不仅因厌恶损失而提升对所拥有解决方案的感知价值评价，而且顾客对解决方案的所有权感知会激发他们对目标物（解决方案）与自我的联系，并且也会促进顾客契合、强化对产品的依恋和积极态度，从而提升顾客满意度。其次，顾客数据脆弱性提高会提升其对风险的感知，造成情感侵犯，削弱认知信任。客户为降低这种脆弱性很有可能会降低其信息披露意愿，如回避、抵制或拒绝甚至是提供错误信息。由于顾客对于其数据资源的提供不足或滥用导致平台解决方案设计或部署与其实际情况不符，从而影响其学习效果，最终会降低顾客满意度。根据实证结果，顾客心理所有权对顾客满意度的影响作用为正且显著（$\beta = 0.197$，$p < 0.001$），而顾客数据脆弱性显著地负向影响顾客满意度（$\beta = -0.097$，$p < 0.01$）。因此，本书假设 3 和假设 6 均得到了支持。

4. 中介作用

基于以上对平台解决方案个性化（设计个性化和部署个性化）、顾客心理所有权、顾客数据脆弱性和顾客满意度的分析，本书提出，顾客心理所有权和顾客数据脆弱性分别中介平台解决方案个性化（设计个性化和部署个性化）与顾客满意度之间的关系，实证结果如前文所述，本书提出的所有中介假设均成立。

6.1.2 平台解决方案个性化与顾客满意度关系中情境因素的识别

1. 消费者地区异质性的调节作用与有调节的中介效应

1）消费者地区异质性（城市政商关系亲近）

本书认为，城市政商关系能够释放出企业与政府之间关系良好的信号。在政商关系亲近较高的地区，消费者可能会认为平台企业更依赖政府，其与平台之间的心理契约会被弱化，甚至发生心理契约违背，降低对解决方案个性化过程中"特权感"的获取，进而降低对感知价值的评价。因此，本书提出，消费者地区异质性（城市政商关系亲近）弱化了平台解决方案设计个性化与顾客满意度之间的直接关系，以及顾客心理所有权在平台解决方案个性化（设计和部署两个维度）与顾客满意度之间的中介效应受到消费者地区异质性（城市政商关系亲近）的负向调节。根据回归结果，平台解决方案设计个性化与城市政商关系亲近的交互项对顾客满意度的影响作用为正且显著（$\beta = 0.074$，$p < 0.05$），同时，平台解决方案设计个性化与城市政商关系亲近的交互项对顾客心理所有权的影响为正且显著（$\beta = 0.112$，$p < 0.01$），而平台解决方案部署个性化与城市政商关系亲近的交互项对顾客心理所有权的影响为正但不显著（$\beta = 0.028$，$p > 0.10$）。因此，消费者地区异质性（城市政商关系亲近）对顾客心理所有权在平台解决方案部署个性化与顾客满意度之间中介效应的调节作用未得到支持。

2）消费者地区异质性（城市政商关系清白）

本书认为，政商关系清白较高的地区向消费者释放出平台企业会降低构建政治关联的投入，重视对消费者的关注与投入。这强化了消费者对平台企业心理契约履行的感知，提升了对"特权感"以及服务质量感知。因此，本研究认为消费者地区异质性（城市政商关系清白）强化了平台解决方案部署个性化与顾客心理所有权之间的正向关系。根据实证结果，平台解决方案部署个性化与城市政商关系清白的交互项对顾客心理所有权的影响为负且不显著（$\beta = -0.075$，$p > 0.10$），因此，顾客心理所有权在平台解决方案部署个性化与顾客满意度之间的中介关系受到消费者地区异质性（城市政商关系清白）的调节作用未得到支持。

同时，本研究提出，消费者地区异质性（城市政商关系清白）通过以下两种机制调节平台解决方案部署个性化与顾客数据脆弱性之间的关系：①地区政商关系清白越高，企业越不容易将大量资源投入寻租活动，以及与官员构建利益同盟，增强了消费者对平台企业的信心，降低了其对数据脆弱性的感知，进而弱化了平台解决方案部署个性化与顾客数据脆弱性之间的正向关系。②随着部署个性化持续深入，消费者日益增强的"特权感"降低了其在个性化过程中对定制价值的感知，因此在一定程度上弱化了平台解决方案部署个性化与顾客数据脆弱性之间的负向关系。根据实证结果，平台解决方案部署个性化的平方项与消费者地区异质性（城市政商关系清白）的交互项对顾客数据脆弱性的影响为负且不显著（$\beta = -0.093$，$p > 0.10$）。因此，消费者地区异质性（城市政商关系清白）对顾客数据脆弱性在平台解决方案部署个性化与顾客满意度之间中介关系的调节作用未得到支持。

3）城市政商关系亲近和城市政商关系清白的联合调节

本研究提出：①城市政商关系清白较高的地区强化了消费者对平台企业心理契约履行的感知，提升了顾客"特权感"，高特权感顾客更容易因未达到定制预期而不满。因此，消费者地区异质性（城市政商关系清白）强化了平台解决方案部署个性化与顾客满意度的负向关系。②平台解决方案部署个性化的深入，顾客与平台关系的建立，提升了顾客心理和行为上的控制感，同时也增进了企业对顾客"特权感"的认知，企业付出更多努力以达到顾客期望，进而提升顾客满意度。因此，消费者地区异质性（城市政商关系清白）强化了平台解决方案部署个性化与顾客满意度的正向关系。但城市政商关系亲近较高的地区释放出企业更可能依赖政府的信号，弱化了消费者与平台企业之间的心理契约，降低了消费者对解决方案个性化过程中"特权感"的获取。根据实证结果，平台解决方案部署个性化的平方项与城市政商关系清白的交互项对顾客满意度的影响为正且显著（$\beta = 0.156$，$p < 0.05$），同时，平台解决方案部署个性化的平方项、城市政商关系清白以及城市政商关系亲近三项的交互项对顾客满意度的影

响为负且显著（$\beta = -0.156$，$p < 0.05$）。因此，本书提出的相应假设得到了支持。

综上所述，部分消费者地区异质性（城市政商关系亲近和城市政商关系清白）的调节效应（也包括有调节的中介效应）假设没有得到支持，原因很有可能在于问卷调研所获取的有效样本在数量上与其他引入宏观客观数据的研究相比，相对不足，地区分布范围不够广，城市政商关系亲近和城市政商关系清白这两个变量的变化范围受限，从而导致检验结果不显著。

2. 平台顾客旅程设计的调节作用与有调节的中介效应

首先，本书提出，平台顾客旅程设计（接触点情境敏感性）使公司能够提供适合消费者个性化旅程的环境，并根据他们当前的环境、偏好或活动帮助其更加便利地与平台的多个接触点进行交互，提高顾客和平台之间的契合度，促进顾客对便利、控制和风险降低的感知。因此，平台顾客旅程设计强化了平台解决方案设计个性化与顾客满意度之间的正向关系，弱化了顾客数据脆弱性在平台解决方案个性化与顾客满意度之间的中介关系。根据实证结果，平台解决方案设计个性化与顾客旅程设计（接触点情境敏感性）的交互项系数为负且显著（$\beta = -0.071$，$p < 0.05$），即平台顾客旅程设计（接触点情境敏感性）弱化了平台解决方案设计个性化与顾客满意度之间的正向关系，与原假设反向，此种情况出现的原因很可能在于，一方面，在平台解决方案设计个性化阶段，接触点情境敏感性给顾客带来的便利和价值感知要小于/远小于提供顾客个人信息引发的数据脆弱性给他们带来的潜在风险感知；另一方面，接触点特征（如视觉线索和位置效应）会调节服务质量与顾客满意度之间的关系（Bolton et al., 2021），需要进一步探索不同特征的接触点情境敏感性的边界作用；而顾客数据脆弱性与平台顾客旅程设计（接触点情境敏感性）的交互项系数为正且显著（$\beta = 0.079$，$p < 0.05$），结合前文顾客数据脆弱性的中介效应检验结果，平台顾客旅程设计（接触点情境敏感性）对顾客数据脆弱性在平台解决方案设计个性化与顾客满意度之间的中介关系的调节作用得到了支持。

然而，本书认为，平台顾客旅程设计（接触点情境敏感性）对员工工作也提出了极大挑战，尤其是在线教育一对一课程学习的特殊情境，需要员工及时对多个接触点作出准确回应，由于角色压力会导致员工倦怠和负面情绪，这很大程度上会损伤顾客体验，降低顾客满意度。因此，平台顾客旅程设计（接触点情境敏感性）弱化了顾客心理所有权在平台解决方案个性化与顾客满意度之间的中介关系。根据实证结果，在单独以顾客心理所有权为中介路径时，顾客心理所有权与平台顾客旅程设计（接触点情境敏感性）的交互项系数为负且显著（$\beta = -0.067$，$p < 0.05$），结合前文顾客心理所有权的中介效应检验结果，本书相应假设得到了支持。

3. 平台关系治理的调节作用与有调节的中介效应

在本书中，平台关系治理促进顾客与平台之间相互信任，共同遵守关系规范的约束，可以降低顾客对隐私风险的感知以及减少双方潜在的机会主义行为。因此，平台关系治理弱化了顾客数据脆弱性与顾客满意度之间的负向关系。回归结果表明，顾客数据脆弱性与平台关系治理的交互项对顾客满意度的影响作用为负但不显著（$\beta = -0.025$，$p > 0.10$）。因此，平台关系治理对顾客数据脆弱性在平台解决方案个性化与顾客满意度之间的中介关系的调节作用未得到支持。上述研究假设没有成立的原因很有可能在于，在线教育一对一课程这一特殊的研究情境下，相比学员与平台之间的关系治理，学员更加依赖专属老师，因此平台关系治理对于顾客数据脆弱性与顾客满意度之间的弱化作用不明显。

而平台关系治理对平台解决方案部署个性化与顾客满意度之间的 U 形关系的调节效应表现在：①平台解决方案部署个性化初期，关系治理机制促进了平台与顾客之间解决方案定制交易和合作（如数据分享、交流协作、联合决策和共同解决问题等）。因此，平台关系治理弱化了平台解决方案部署个性化与顾客满意度的负向关系。②随着部署个性化程度加深，平台关系治理可能造成员工过于注重适应顾客的需要，反而影响顾客学习效率。因此，平台关系治理在一定程度上也可能弱化平台解决方案部署个性化与顾客满意度的正向关系。根据实证检验结果，平台解决方案部署个性化的平方项与平台关系治理的交互项对顾客满意度的影响为负且边际显著（$\beta = -0.061$，$p < 0.10$）。因此，平台关系治理对平台解决方案部署个性化与顾客满意度之间直接关系的调节作用得到了支持。

6.2　理　论　启　示

本书的理论启示如下。

首先，本书从平台解决方案个性化带来的价值共创和价值共毁理论视角出发，对平台解决方案个性化对顾客满意度的"双刃剑"影响机制进行了剖析，这是对现有个性化文献的重要补充和延伸。个性化现有研究中，关于解决方案个性化的研究十分有限，尤其是实证研究。因此，仍有很多值得深入挖掘并解决的实践难题。其中，个性化和隐私悖论受到了学者和企业家的重点关注。个性化和隐私悖论是指公司对消费者信息的需求和消费者对隐私的需求之间的持续紧张关系。在此现实背景下，有效处理为消费者提供解决方案时存在的个性化和隐私悖论，对于平台企业具有十分重要的现实意义。因此，解决此问题的基础和前提是深入分析解决方案个性化的价值共创和价值共毁机理，厘清其对顾客满意度的"双刃剑"影响机制。然而，现有文献对这一效应重视不足，其中潜在的作用机理和表现形式仍未梳理清晰，亟待探究此研究"黑箱"。本书作出的理论贡献如下：首次结合价值共创和价值共毁视角，探究平台企业解决方案中个性化和隐私悖论新的表现形式，由此弥补现有研究缺口。基于价值共创机制，平台解决方案个性化通过增强顾客心理所有权，提升顾客信任、关系质量、忠诚度等，进而提升顾客满意度。基于价值共毁机制，平台解决方案个性化不同程度地影响顾客数据脆弱性，而顾客对潜在的数据误用的焦虑和违规的感觉，进而抑制其对个性化的满意度提升。

其次，本书基于信号理论和心理契约理论，从消费者地区异质性、顾客旅程设计和平台关系治理的角度选取城市政商关系亲近和城市政商关系清白、接触点情境敏感性和平台关系治理 4 个情境变量，对它们在平台解决方案个性化与顾客满意度之间的关系中所起到的调节作用以及有调节的中介作用进行了剖析，对现有理论作出了一定的补充和深化。具体地说：针对个性化首先要考虑的就是消费者异质性，不同消费者对于个性化的过程和结果感知不尽相同。本书创造性地结合中国特有情境，利用消费者所在地区探讨新型政商关系对平台解决方案个性化与顾客满意度之间关系的边界作用，帮助平台提升对不同地区消费者多样性感知的响应能力。其次，平台企业应该识别在解决方案中出现的特定元素或接触点，通过接触点情境敏感性的有效设计引导客户继续或停止他们的体验旅程。遗憾的是，现有个性化文献并未对顾客旅程给予应有的重视，尤其是实证检验十分有限。因此，本书尝试探讨顾客旅程设计对解决方案个性化的边界作用，对现有文献的理论解释作出了重要扩展；同时，将信号理论与心理契约理论相结合，突破了以往单一心理契约双主体的界限（这里指企业和顾客），引入外部环境的第三方主体（政府）与已有主体之间的心理契约，拓宽了心理契约理论的应用范围。最后，在线教育情境下，关系治理通常被认为是提升个性化效果的重要因素，但一味迎合顾客、顾及双方关系，未能及时、有效地纠正解决方案部署过程，反而会影响学习效果和效率，最终仍会降低顾客满意度。本书扩展了关系治理可能存在的消极影响，为平台界定与顾客关系的治理机制提供了一定的借鉴。

6.3 实 践 启 示

本书研究结论给予以下实践启示。

平台企业解决方案个性化面临着个性化和隐私悖论风险，由此对顾客满意度产生影响。因此，对于平台企业而言，应该采用积极的应对策略，提升个性化带来的价值共创机制，抑制个性化可能造成的价值共毁机制。根据研究结果，管理者可以考虑以下几个方面。

第一，在进行解决方案个性化时，平台要区分设计阶段和部署阶段，对它们分别进行考虑。根据本研究结果，平台解决方案设计个性化同时增强顾客心理所有权和顾客数据脆弱性来影响顾客满意度；而平台解决方案部署个性化在增强顾客心理所有权的同时，通过使顾客数据脆弱性呈倒 U 形对顾客满意度产生影响。因此，平台应该清晰地识别不同个性化的多重中介路径的产生和影响作用机理，以便能够及时采取应对策略，增强顾客心理所有权，抑制顾客数据脆弱性，这有助于提升平台企业个性化的实施效果。

第二，平台企业要充分考虑中国消费者的地区异质性（城市政商关系亲近和城市政商关系清白）。由于解决方案是为消费者量身定制的，因此，在实施个性化时考虑消费者异质性的边界作用尤其重要，特别在中国，政商关系极具中国特色情境特征。根据研究结果，在平台解决方案设计个性化时，企业要注意维护、增强与高政商关系亲近城市的消费者之间的心理契约，弱化他们对心理契约违背的感知，进而弱化其对顾客心理所有权的感知甚至降低顾客满意度；在平台解决方案部署个性化时，平台企业要充分考虑消费者地区异质性（城市政商关系亲近和城市政商关系清白）以及其对顾客满意度的联合作用，尤其是针对低政商关系清白城市的消费者。

第三，平台顾客旅程设计（接触点情境敏感性）对于平台解决方案个性化并非总是有利的。本研究结果发现，平台顾客旅程设计（接触点情境敏感性）虽然能够弱化顾客数据脆弱性在平台解决方案设计个性化与顾客满意度之间的中介关系（顾客数据脆弱性与顾客满意度之间的负向关系），但是也会弱化顾客心理所有权在平台解决方案个性化与顾客满意度之间的中介关系（顾客心理所有权与顾客满意度之间的正向关系）。因此，平台在进行顾客旅程设计时也要充分考虑员工工作的合理分配以及员工情绪、压力等方面的管理，尽可能避免平台顾客旅程设计产生的负面作用，强化平台顾客旅程设计在平台解决方案个性化与顾客满意度之间的积极影响。

第四，平台关系治理在平台解决方案部署个性化阶段要动态地调整适应。根据本书的研究结果，平台关系治理弱化了平台解决方案部署个性化与顾客满意度之间的 U 形关系。因此，在平台解决方案部署个性化初期，平台关系治理弱化了其与顾客满意度之间的负向关系；而随着平台解决方案个性化程度加深，平台在关系治理过程中要注重顾客的实际学习效果，而不是一味地维持与顾客的关系。

6.4 研究局限和未来研究方向

6.4.1 研究局限

本书虽然对个性化研究作出了一定的贡献，但仍然存在一些局限性有待解决。

（1）本书仅从顾客心理所有权所形成的价值共创机制，以及顾客数据脆弱性所形成的价值共毁机制来研究平台解决方案个性化对顾客满意度的"双刃剑"效应，然而，价值共创机制和价值共毁机制可能包含更为广泛的因素。因此，在平台解决方案个性化的价值共创机制和价值共毁机制中，可能还存在着其他重要且有价值的研究构念需要进一步挖掘。

（2）本书仅从消费者地区异质性（城市政商关系亲近和城市政商关系清白）、平台顾客旅程设计（接触点情境敏感性）和平台关系治理三个角度出发，挑选其中4个关键的情境变量来验证调节以及有调节的中介效应。遗憾的是，消费者地区异质性（城市政商关系清白）和平台关系治理对于平台解决方案个性化（设计个性化和部署个性化）与顾客满意度之间的中介关系的调节作用未能得到支持。此外，平台解决方案个性化中依然存在许多值得借鉴的独特情境因素，对这些因素的深入探讨有利于为平台企业提供更多更有价值的决策参考。

（3）本书虽然试图以中介机制以及两阶段有调节的中介机制来阐述平台解决方案个性化对顾客满意度的影响，但是由于采用横截面数据，因此给研究带来了一定的局限性。如果融合跨时间段的动态数据可以更好地反映出变量间潜在关系的动态过程。

（4）研究方法有一定的局限性。尽管本研究将文献与问卷调研、客观数据相结合以分析验证自变量对因变量的影响，但仍存在一些需要完善的地方：①受限于客观条件，本研究仅采用主观数据完成对因变量顾客满意度的测量和论证；然而，当因变量采用客观数据（如客户再次购买或者推荐其他消费者购买的一对一课程数量或者销售额等）时，能够更真实地反映平台实施个性化解决方案所产生的实际效果。②缺乏深入、系统的真实案例剖析，无法更好地反映平台企业解决方案实施的真实运营情况。

（5）研究适用范围有待进一步扩大。本书基于在线教育平台的个性化课程情境对所提出的研究假设进行验证。为了提高这一研究框架的普适性，还需要在不同的情境下进行验证。

6.4.2　未来研究方向

针对以上研究的局限性，本书给出了未来可以进一步探索的几个方向。

（1）基于多元理论视角，深入挖掘平台解决方案个性化潜在、重要的其他价值共创机制和价值共毁机制，以期发现更加丰富且具备现实指导意义的研究结论。

（2）扩大样本数量，尽可能地收集更多不同城市的消费者调研问卷，深入探讨挖掘消费者地区异质性（城市政商关系亲近和城市政商关系清白）潜在的调节以及有调节的中介作用是否显著存在；对平台关系治理进行维度细分，或者使用二阶因子来进行变量测量，从而验证平台关系治理对平台解决方案个性化与顾客满意度之间关系的潜在的有调节的中介作用。此外，从平台的内部环境、外部生态环境等更为宏观的视角来探究平台解决方案个性化与顾客满意度之间关系的情境因素。例如，消费者其他异质性因素（如个性化诉求及隐私注重程度）、平台员工、第三方机构、其他消费者网络等。通过囊括更广泛的情境因素扩展平台解决方案个性化与顾客满意度之间的关系边界。同时，可以采用在线教育平台顾客再次购买一对一课程的数量和销售额、顾客推荐的新顾客购买的课程数量和销售额以及顾客积极在线评论数量等客观数据作为因变量进行研究，由此促使研究结论的客观性提升。

（3）由于解决方案个性化涉及平台与顾客的互动过程，因此，可以考虑对平台和消费者设计双边调研问卷，针对概念模型按照时间序列分别对双边具体变量进行调研，以此更加细致地体现顾客旅程的动态过程，在顾客旅程的不同阶段采取不同的应对策略以驱动预期的消费者行为。此外，进一步考虑使用多种研究方法，如选择典型的平台企业进行案例分析或者选择代表性样本通过扎根理论构建理论模型，或者采用实验室实验或者田野实验，或者针对真实的商户信息和评论文本挖掘新的作用关系，再结合大数据分析以突出研究贡献。

（4）将平台解决方案个性化这一研究主题由在线教育情境逐步扩展到在线医疗、用户直连制造（C2M）等新兴领域，进一步提高本书结论的普适性。

参 考 文 献

蔡舜, 石海荣, 傅馨, 等, 2019. 知识付费产品销量影响因素研究: 以知乎 Live 为例[J]. 管理工程学报, 33(3): 71-83.

曹威麟, 陈文江, 2007. 心理契约研究述评[J]. 管理学报, 4(5): 682-687, 694.

邓凌, 2016. 构建"亲""清"新型政商关系: 症结与出路[J]. 中央社会主义学院学报(4): 67-70.

杜立婷, 武瑞娟, 2014. 国家形象对产品质量感知影响效应研究——中国消费者地区性差异检验[J]. 预测, 33(5): 15-22.

范钧, 杨丽钗, 2009. 服务消费情境中的顾客心理契约形成机制研究[J]. 江苏商论(2): 30-32.

郭婷婷, 李宝库, 2019. 顾客心理契约破裂及其修复策略——基于网络购物服务失误情境[J]. 经济与管理, 33(6): 50-57.

韩小芸, 余策政, 2013. 顾客契合: 个人心理影响因素及对顾客忠诚感的影响[J]. 营销科学学报, 9(2): 99-110.

寇燕, 高敏, 诸彦含, 等, 2018. 顾客心理所有权研究综述与展望[J]. 外国经济与管理, 40(2): 105-122.

李宝库, 周莹舒, 2017. 基于心理契约的网购平台声誉策略博弈分析[J]. 商业研究(1): 157-164.

李超平, 徐世勇, 2019. 管理与组织研究——常用的 60 个理论[M]. 北京: 北京大学出版社: 364-369.

李丹丹, 薛云建, 2014. 顾客心理契约、顾客满意与顾客公民行为关系——基于健身行业的实证研究[J]. 企业经济(3): 82-89.

梁雯, 张伟, 2016. 物流服务参与及其感知质量对消费者心理契约的影响研究[J]. 西安财经学院学报, 29(3): 68-74.

林建, 2018. 领导干部在构建新型政商关系中的角色定位[J]. 领导科学(21): 42-44.

刘建新, 范秀成, 2020. 心之所有, 言予他人?心理所有权对消费者口碑推荐的影响研究[J]. 南开管理评论, 23(1): 144-157.

刘林, 2016. 基于信号理论视角下的企业家政治联系与企业市场绩效的关系研究[J]. 管理评论, 28(3): 93-105.

刘谊, 刘星, 2004. 我国政府信息透明度的现实思考[J]. 中国软科学杂志(9): 24-31.

聂辉华, 韩冬临, 马亮, 等, 2018. 中国城市政商关系排行榜(2017)[R]. 北京: 中国人民大学国家发展与战略研究院.

聂辉华, 韩冬临, 马亮, 等, 2020. 中国城市政商关系排行榜(2020)[R]. 北京: 中国人民大学国家发展与战略研究院.

彭红枫, 米雁翔, 2017. 信息不对称、信号质量与股权众筹融资绩效[J]. 财贸经济, 38(5): 80-95.

綦恩周, 张梦, 2015. 服务补救情境下心理契约对顾客感知补救质量的影响研究[J]. 消费经济, 31(1): 60-65.

秦静, 2013. 基于顾客价值的顾客心理契约与顾客忠诚关系研究——以 BtoC 消费模式为中心[D]. 青岛: 中国海洋大学.

秦勇, 李东进, 2018. 地区形象差异对消费者理性与体验购买的影响机制——以深圳、沈阳和郑州为例[J]. 系统工程, 36(6): 24-36.

王皓然, 2019. 政商关系对中国区域经济增长的影响研究[D]. 长春: 吉林大学.

王小娟, 万映红, 程佳, 2019. 基于 TAM 理论的顾客心理契约形成机理研究——B2C 情景下的实证研究[J]. 运筹与管理, 28(11): 116-124.

温忠麟, 叶宝娟, 2014. 有调节的中介模型检验方法: 竞争还是替补?[J]. 心理学报, 46(5): 714-726.

吴明隆, 2010. 结构方程模型: AMOS 的操作与应用[M]. 重庆: 重庆大学出版社.

萧文龙, 2020. 统计分析入门与应用: SPSS 中文版+SmartPLS 3 (PLS-SEM)[M]. 台北: 碁峰出版社.

谢礼珊, 刘欣, 郭伊琪, 等, 2020. 如何从共毁走向共生?——定制化旅游价值共毁和价值恢复对口碑传播的影响[J]. 旅游学刊, 35(2): 13-25.

谢毅, 高充彦, 童泽林, 2020. 消费者隐私关注研究述评与展望[J]. 外国经济与管理, 42(6): 111-125.

辛兵海, 张晓云, 陶江, 2015. 资源依赖、政府透明度和经济增长[J]. 经济与管理研究, 36(10): 10-16.

徐凯歌, 2020. 科技创新券与科技型中小企业创新绩效的实证研究——基于融资约束与亲清新型政商关系的调节效应[D]. 济南: 山东大学.

杨典, 2017. 政商关系与国家治理体系现代化[J]. 国家行政学院学报(2): 30-35.

张德鹏, 祁小波, 林萌菲, 等, 2020. 创新顾客心理所有权、关系质量对口碑推荐行为的影响[J]. 预测, 39(6): 39-46.

张广玲, 潘志华, 2018. 基于角色理论的顾客参与对顾客满意的影响机制研究[J]. 管理学报, 15(12): 1830-1837.

张建, 李瑜青, 2015. 政府透明度: 概念界定与保障机制[J]. 北京理工大学学报(社会科学版), 17(4): 129-132, 144.

赵鑫, 王淑梅, 2013. 顾客参与、感知服务质量对顾客心理契约的影响研究[J]. 东北大学学报(社会科学版), 15(2): 154-159.

周俊, 张艳婷, 贾良定, 2020. 新型政商关系能促进企业创新吗?——基于中国上市公司的经验数据[J]. 外国经济与管理, 42(5): 74-89, 104.

祝捷, 2017. 构建新型政商关系, 根除"权力围猎"现象[J]. 人民论坛(9): 53-55.

ACAR O A, DAHL D W, FUCHS C, et al., 2021. The signal value of crowdfunded products[J]. Journal of marketing research, 58(4): 644-661.

ACQUISTI A, JOHN L K, LOEWENSTEIN G, 2012. The impact of relative standards on the propensity to disclose[J]. Journal of marketing research, 49(2): 160-174.

ADOMAVICIUS G, TUZHILIN A, 2005. Personalization technologies: a process-oriented perspective[J]. Communications of the ACM, 48(10): 83-90.

AGUIRRE E, MAHR D, GREWAL D, et al., 2015. Unraveling the personalization paradox: the effect of information collection and trust-building strategies on online advertisement effectiveness[J]. Journal of retailing, 91(1): 34-49.

AIKEN L S, WEST S G, RENO R R, 1991. Multiple regression: testing and interpreting interactions[M]. London: Sage Publications.

ALLEN B J, CHANDRASEKARAN D, BASUROY S, 2018. Design crowdsourcing: the impact on new product performance of sourcing design solutions from the "crowd"[J]. Journal of marketing, 82(2): 106-123.

ANDERL E, BECKER I, VON WANGENHEIM F, et al., 2016. Mapping the customer journey: lessons learned from graph-based online attribution modeling[J]. International journal of research in marketing, 33(3): 457-474.

ANDERSON J C. Identity theft growing, costly to victims[EB/OL]. (2013-04-14)[2021-11-01].https://www.usatoday.com/story/money/personalfinance/2013/04/14/identity-theft-growing/2082179/.

ANTIA K D, FRAZIER G L, 2001. The severity of contract enforcement in interfirm channel relationships[J]. Journal of marketing, 65(4): 67-81.

APOSTOLIDIS C, BROWN D, WIJETUNGA D, et al., 2021. Sustainable value co-creation at the bottom of the pyramid: using mobile applications to reduce food waste and improve food security[J]. Journal of marketing management, 37(9-10): 856-886.

ARACHCHILAGE N A G, LOVE S, 2014. Security awareness of computer users: a phishing threat avoidance perspective[J]. Computers in human behavior, 38: 304-312.

ARGYRIS C, 1960. Understanding organizational behavior[M]. Homewood, Illinois: Dorsey Press.

ARMSTRONG J S, OVERTON T S, 1977. Estimating nonresponse bias in mail surveys[J]. Journal of marketing research, 14(3): 396-402.

ARTHURS J D, BUSENITZ L W, HOSKISSON R E, et al., 2009. Signaling and initial public offerings: the use and impact of the lockup period[J]. Journal of business venturing, 24(4): 360-372.

ASATRYAN V S, OH H, 2008. Psychological ownership theory: an exploratory application in the restaurant industry[J]. Journal of hospitality & tourism research, 32(3): 363-386.

AUH S, MENGUC B, KATSIKEAS C S, et al., 2019. When does customer participation matter? An empirical investigation of the role of customer empowerment in the customer participation–performance link[J]. Journal of marketing research, 56(6): 1012-1033.

AUXIER B, RAINE L, ANDERSON M, et al. Americans and privacy: concerned, confused and feeling lack of control over their personal information[EB/OL]. (2019-11-15) [2021-11-08]. https://www.pewresearch.org/internet/2019/11/15/americans-and-privacy-concerned-confused-and-feeling-lack-of-control-over-their-personal-information.

AWAD N F, KRISHNAN M S, 2006. The personalization privacy paradox: an empirical evaluation of information transparency and the willingness to be profiled online for personalization[J]. MIS quarterly, 30(1): 13-28.

BAGOZZI R P, YI Y, 1988. On the evaluation of structural equation models[J]. Journal of the academy of marketing science, 16(1): 74-94.

BAKER J, PARASURAMAN A, GREWAL D, et al., 2002. The influence of multiple store environment cues on perceived merchandise value and patronage intentions[J]. Journal of marketing, 66(2): 120-141.

BAKER M A, KIM K, 2019. Value destruction in exaggerated online reviews: the effects of emotion, language, and trustworthiness[J]. International journal of contemporary hospitality management, 31(4): 1956-1976.

BANERJEE S, 2019. Geosurveillance, location privacy, and personalization[J]. Journal of public policy & marketing, 38(4): 484-499.

BAO W, NI J, 2017. Could good intentions backfire? An empirical analysis of the bank deposit insurance[J]. Marketing science, 36(2): 301-319.

BARWITZ N, MAAS P, 2018. Understanding the omnichannel customer journey: determinants of interaction choice[J]. Journal of interactive marketing, 43: 116-133.

BART Y, SHANKAR V, SULTAN F, et al., 2005. Are the drivers and role of online trust the same for all web sites and consumers? A large-scale exploratory empirical study[J]. Journal of marketing, 69(4): 133-152.

BATRA R, KELLER K L, 2016. Integrating marketing communications: new findings, new lessons, and new ideas[J]. Journal of marketing, 80(6): 122-145.

BAUM J A C, KORN H J, 1999. Dynamics of dyadic competitive interaction[J]. Strategic management journal, 20: 251-278.

BAXENDALE S, MACDONALD E K, WILSON H N, 2015. The impact of different touchpoints on brand consideration[J]. Journal of retailing, 91(2): 235-253.

BEAK T H, MORIMOTO M, 2012. Stay away from me, examining the determinants of individual avoidance of personalized advertising[J]. Journal of advertising, 41(1): 59-76.

BÉLANGER F, JAMES T L, 2020. A theory of multilevel information privacy management for the digital era[J]. Information systems research, 31(2): 510-536.

BELK R W, 1988. Possessions and the extended self[J]. Journal of consumer research, 15(2): 139-168.

BENDAPUDI N, LEONE R P, 2003. Psychological implications of customer participation in co-production[J]. Journal of marketing, 67(1): 14-28.

BEGGAN J K, 1991. Using what you own to get what you need: the role of possessions in satisfying control motivation[J]. Journal of social behavior and personality, 6(6): 129-146.

BEGGAN J K, 1992. On the social nature of nonsocial perception: the mere ownership effect[J]. Journal of personality and social psychology, 62(2): 229-237.

BERRY L L, 1995. Relationship marketing of services-growing interest, emerging perspectives[J]. Journal of the academy of marketing science, 23(4): 236-245.

BERRY L L, CARBONE L P, HAECKEL S H, 2002. Managing the total customer experience[J]. MIT sloan management review, 43(3): 85-89.

BHAGWAT Y, WARREN N L, BECK J T, et al., 2020. Corporate sociopolitical activism and firm value[J]. Journal of marketing, 84(5): 1-21.

BHATTACHARYA U, DITTMAR A, 2001. Costless versus costly signaling: theory and evidence from share purchases[R]. Working paper. Bloomington: Indiana University.

BI Q, 2019. Cultivating loyal customers through online customer communities: a psychological contract perspective[J]. Journal of business research, 103: 34-44.

BIELER M, MAAS P, FISCHER L, et al., 2021. Enabling cocreation with transformative interventions: an interdisciplinary conceptualization of consumer boosting[J]. Journal of service research, 25(1): 29-47.

BIDLER M, ZIMMERMANN J, SCHUMANN J H, et al., 2020. Increasing consumers' willingness to engage in data disclosure processes through relevance-illustrating game elements[J]. Journal of retailing, 96(4): 507-523.

BLEIER A, EISENBEISS M, 2015. The importance of trust for personalized online advertising[J]. Journal of retailing, 91(3): 390-409.

BLEIER A, GOLDFARB A, TUCKER C, 2020. Consumer privacy and the future of data-based innovation and marketing[J]. International journal of research in marketing, 37(3): 466-480.

BOLTON R N, GUSTAFSSON A, TARASI C O, et al. 2021. Designing satisfying service encounters: website versus store touchpoints[J]. Journal of the academy of marketing science, 50: 85-107.

BORNSCHEIN R, SCHMIDT L, MAIER E, 2020. The effect of consumers' perceived power and risk in digital information privacy: the example of cookie notices[J]. Journal of public policy & marketing, 39(2): 135-154.

BOUDET J, GREGG B, RATHJE K, et al., The future of personalization—and how to get ready for it [EB/OL]. (2019-06-18)[2020-03-17]. https://www.mckinsey.com/capabilities/growth-marketing-and-sales/our-insights/the-future-of-personalization-and-how-to-get-ready-for-it.

BRANZEI O, URSACKI-BRYANT T J, VERTINSKY I, et al., 2004. The formation of green strategies in Chinese firms: matching corporate environmental responses and individual principles[J]. Strategic management journal, 25: 1075-1095.

BRASEL S A, GIPS J, 2014. Tablets, touchscreens, and touchpads: how varying touch interfaces trigger psychological ownership and endowment[J]. Journal of consumer psychology, 24(2): 226-233.

BROWN J R, DEV C S, LEE D J, 2000. Managing marketing channel opportunism: the efficacy of alternative governance mechanisms[J]. Journal of marketing, 64(2): 51-65.

BUES M, STEINER M, STAFFLAGE M, 2017. How mobile in-store advertising influences purchase intention: value drivers and mediating effects from a consumer perspective[J]. Psychology & marketing, 34(2): 157-174.

BUHALIS D, ANDREU L, GNOTH J, 2020. The dark side of the sharing economy: balancing value co-creation and value co-destruction[J]. Psychology & marketing, 37(5): 689-704.

BUSCH C, 2019. Implementing personalized law: personalized disclosures in consumer law and data privacy law[J]. University of chicago law review, 86(2): 309-331.

BUSENITZ L W, FIET J O, MOESEL D D, 2005. Signaling in venture capitalist-new venture team funding decisions: does it indicate long-term venture outcomes?[J]. Entrepreneurship theory and practice, 29(1): 1-12.

CABIGIOSU A, CAMPAGNOLO D, 2019. Innovation and growth in KIBS: the role of clients' collaboration and service customization[J]. Industry and innovation, 26(5): 592-618.

ČAIĆ M, ODEKERKEN-SCHRÖDER G, MAHR D, 2018. Service robots: value co-creation and co-destruction in elderly care networks[J]. Journal of service management, 29(2): 178-205.

CAMILLERI J, NEUHOFER B, 2017. Value co-creation and co-destruction in the Airbnb sharing economy[J]. International journal of contemporary hospitality management, 29(9): 2322-2340.

CANNON J P, ACHROL R S, GUNDLACH G T, 2000. Contracts, norms, and plural form governance[J]. Journal of the academy of marketing science, 28(2): 180-194.

CANNON J P, PERREAULT JR W D, 1999. Buyer-seller relationships in business markets[J]. Journal of marketing research, 36(4): 439-460.

CARBONELL P, RODRÍGUEZ-ESCUDERO A I, PUJARI D, 2009. Customer involvement in new service development: an examination of antecedents and outcomes[J]. Journal of product innovation management, 26(5): 536-550.

CARTER S M, 2006. The interaction of top management group, stakeholder, and situational factors on certain corporate reputation management activities[J]. Journal of management studies, 43(5): 1146-1176.

CERTO S T, 2003. Influencing initial public offering investors with prestige: signaling with board structures[J]. Academy of management review, 28(3): 432-446.

CHAN K W, YIM C K, LAM S S K, 2010. Is customer participation in value creation a double-edged sword? Evidence from professional financial services across cultures[J]. Journal of marketing, 74(3): 48-64.

CHELLAPPA R K, SHIVENDU S, 2010. Mechanism design for "free" but "no free disposal" services: the economics of personalization under privacy concerns[J]. Management science, 56(10): 1766-1780.

CHIH W H, CHIU T S, LAN L C, et al., 2017. Psychological contract violation: impact on perceived justice and behavioral intention among consumers[J]. International journal of conflict management, 28(1): 103-121.

CHIZEMA A, POGREBNA G, 2019. The impact of government integrity and culture on corporate leadership practices: evidence from the field and the laboratory[J]. The leadership quarterly, 30(5): 101303.

CHOPDAR P K, SIVAKUMAR V J, 2018. Understanding psychological contract violation and its consequences on mobile shopping applications use in a developing country context[J]. Journal of indian business research, 10(2): 208-231.

CHUNG W, KALNINS A, 2001. Agglomeration effects and performance: a test of the Texas lodging industry[J]. Strategic management journal, 22: 969-988.

CLAUS B, VANHOUCHE W, DEWITTE S, et al., 2012. Walk a mile in my shoes: psychological ownership and psychological distance[J]. Advances in consumer research, 40: 1067-1068.

CLOAREC J, 2020. The personalization-privacy paradox in the attention economy[J]. Technological forecasting and social change, 161: 120299.

CONNELLY B L, CERTO S T, IRELAND R D, et al., 2011. Signaling theory: a review and assessment[J]. Journal of management, 37(1): 39-67.

CUI G, LIU Q, 2000. Regional market segments of China: opportunities and barriers in a big emerging market[J]. Journal of consumer marketing, 17(1): 55-72.

DAMIANI J. Your social security number costs $4 on the dark web, new report

finds[EB/OL].(2020-03-25)[2021-11-08].https://www.forbes.com/sites/jessedamiani/
2020/03/25/your-social-security-number-costs-4-on-the-dark-web-new-report-finds/#1e
e8548713f1.

DAS T K, TENG B S, 1998. Between trust and control: developing confidence in partner
cooperation in alliances[J]. Academy of management review, 23(3): 491-512.

DAUNT K L, HARRIS L C, 2017. Consumer showrooming: value co-destruction[J]. Journal
of retailing and consumer services, 38: 166-176.

DAVIES A, BRADY T, HODBAY M, 2006. Charting a path towards integrated solutions[J].
MIT sloan management review, 47(3): 39-48.

DE BELLIS E, HILDEBRAND C, ITO K, et al., 2019. Personalizing the customization
experience: a matching theory of mass customization interfaces and cultural
information processing[J]. Journal of marketing research, 56(6): 1050-1065.

DE HAAN E, WIESEL T, PAUWELS K, 2016. The effectiveness of different forms of online
advertising for purchase conversion in a multiple-channel attribution framework[J].
International journal of research in marketing, 33(3): 491-507.

DE WULF K, ODEKERKEN-SCHRÖER G, IACOBUCCI D, 2001. Investments in
consumer relationships: a cross-country and cross-industry exploration[J]. Journal of
marketing, 65(4): 33-50.

DEL SOL D A, 2013. The institutional, economic and social determinants of local
government transparency[J]. Journal of economic policy reform, 16(1): 90-107.

DEMMERS J, WELTEVREDEN J W J, VAN DOLEN W M, 2020. Consumer engagement
with brand posts on social media in consecutive stages of the customer journey[J].
International journal of electronic commerce, 24(1): 53-77.

DEVARAJ S, FAN M, KOHLI R, 2006. Examination of online channel preference: using the
structure-conduct-outcome framework[J]. Decision support systems, 42(2): 1089-1103.

DINEV T, HART P, 2006. An extended privacy calculus model for e-commerce
transactions[J]. Information systems research, 17(1): 61-80.

DITTMAR H, 1992. The social psychology of material possessions: to have is to be[M].
New York: Harvester Wheatsheaf.

DOLAN R, SEO Y, KEMPER J, 2019. Complaining practices on social media in tourism: a
value co-creation and co-destruction perspective[J]. Tourism management, 73: 35-45.

DONG B, EVANS K R, ZOU S, 2008. The effects of customer participation in co-created

service recovery[J]. Journal of the academy of marketing science, 36: 123-137.

DOROTIC M, BIJMOLT T H A, VERHOEF P C, 2012. Loyalty programmes: current knowledge and research directions[J]. International journal of management reviews, 14(3): 217-237.

DRÈZE X, NUNES J C, 2009. Feeling superior: the impact of loyalty program structure on consumers' perceptions of status[J]. Journal of consumer research, 35(6): 890-905.

DROVER W, WOOD M S, CORBETT A C, 2018. Toward a cognitive view of signalling theory: individual attention and signal set interpretation[J]. Journal of management studies, 55(2): 209-231.

DUBOIS D, BONEZZI A, DE ANGELIS M, 2016. Sharing with friends versus strangers: how interpersonal closeness influences word-of-mouth valence[J]. Journal of marketing research, 53(5): 712-727.

DUNCAN N G, 1981. Home ownership and social theory[M]// DUNCAN J S. Housing and identity: cross-cultural perspectives. London: Holmes & Meier Publishers: 98-134.

DUNCAN T, MORIARTY S, 2006. How integrated marketing communication's "touchpoints" can operationalize the service-dominant logic[M]//LUSCH R F, VARGO S L. The service-dominant logic of marketing: dialog, debate, and directions. Armonk: Sharpe: 236-249.

DWYER F R, SCHURR P H, OH S, 1987. Developing buyer-seller relationships[J]. Journal of marketing, 51(2): 11-27.

DYER J H, SINGH H, 1998. The relational view: cooperative strategy and sources of interorganizational competitive advantage[J]. Academy of management review, 23(4): 660-679.

EDELMAN D C, SINGER M, 2015. Competing on customer journeys[J]. Harvard business review, 93(11): 88-100.

ELITZUR R, GAVIOUS A, 2003. Contracting, signaling, and moral hazard: a model of entrepreneurs, 'angels,' and venture capitalists[J]. Journal of business venturing, 18(6): 709-725.

EPP A M, PRICE L L, 2011. Designing solutions around customer network identity goals[J]. Journal of marketing, 75(2): 36-54.

EREVELLES S, FUKAWA N, SWAYNE L, 2016. Big data consumer analytics and the transformation of marketing[J]. Journal of business research, 69(2): 897-904.

ERIKSON E H, 1968. Identity: youth and crisis[M]. New York: W W Norton & Company.

ESSLINGER J, ECKERD S, KAUFMANN L, et al., 2019. Who cares? Supplier reactions to buyer claims after psychological contract over-fulfillments[J]. Journal of supply chain management, 55(4): 98-128.

EVANSCHITZKY H, WANGENHEIM F V, WOISETSCHLÄGER D M, 2011. Service & solution innovation: overview and research agenda[J]. Industrial marketing management, 40(5): 657-660.

FAN H, POOLE M S, 2006. What is personalization? Perspectives on the design and implementation of personalization in information systems[J]. Journal of organizing computing and electronic commerce, 16(3-4): 179-202.

FAN L, ZHANG X, RAI L, 2021. When should star power and eWOM be responsible for the box office performance?—An empirical study based on signaling theory[J]. Journal of retailing and consumer services, 62: 102591.

FERGUSON R J, PAULIN M, BERGERON J, 2005. Contractual governance, relational governance, and the performance of interfirm service exchanges: the influence of boundary-spanner closeness[J]. Journal of the academy of marketing science, 33(2): 217-234.

FERNANDES T, REMELHE P, 2016. How to engage customers in co-creation: customers' motivations for collaborative innovation[J]. Journal of strategic marketing, 24(3-4): 311-326.

FISCHER E, REUBER R, 2007. The good, the bad, and the unfamiliar: the challenges of reputation formation facing new firms[J]. Entrepreneurship theory and practice, 31(1): 53-75.

FISHER J A, 2013. Secure my data or pay the price: consumer remedy for the negligent enablement of data breach[J]. William & mary business law review, 4(1): 215-240.

FOLSE J A G, MOULARD J G, RAGGIO R D, 2012. Psychological ownership: a social marketing advertising message appeal? Not for women[J]. International journal of advertising, 31(2): 291-315.

FORNELL C, LARCKER D F, 1981. Evaluating structural equation models with unobservable variables and measurement error[J]. Journal of marketing research, 18(1): 39-50.

FRANKE N, SCHREIER M, KAISER U, 2010. The "I designed it myself" effect in mass customization[J]. Management science, 56(1): 125-140.

FRANKE N, VON HIPPEL E, SCHREIER M, 2006. Finding commercially attractive user innovations: a test of lead-user theory[J]. Journal of product innovation management, 23(4): 301-315.

FREY-CORDES R, EILERT M, BÜTTGEN M, 2020. Eye for an eye? Frontline service employee reactions to customer incivility[J]. Journal of services marketing, 34(7): 939-953.

FRITZE M P, EISINGERICH A B, BENKENSTEIN M, 2019. Digital transformation and possession attachment: examining the endowment effect for consumers' relationships with hedonic and utilitarian digital service technologies[J]. Electronic commerce research, 19(2): 311-337.

FUCHS C, PRANDELLI E, SCHREIER M, 2010. The psychological effects of empowerment strategies on consumers' product demand[J]. Journal of marketing, 74(1): 65-79.

FUCHS C, PRANDELLI E, SCHREIER M, et al., 2013. All that is users might not be gold: how labeling products as user designed backfires in the context of luxury fashion brands[J]. Journal of marketing, 77(5): 75-91.

FULLERTON G, TAYLOR S, 2015. Dissatisfaction and violation: two distinct consequences of the wait experience[J]. Journal of service theory and practice, 25(1): 31-50.

FURBY L, 1978a. Possessions: toward a theory of their meaning and function throughout the life cycle[J]. Life span development and behavior, 1: 297-336.

FURBY L, 1978b. Possession in humans: an exploratory study of its meaning and motivation[J]. Social behavior and personality: an international journal, 6(1): 49-65.

GEBAUER J, FÜLLER J, PEZZEI R, 2013. The dark and the bright side of co-creation: triggers of member behavior in online innovation communities[J]. Journal of business research, 66(9): 1516-1527.

GEORGE M, WAKEFIELD K L, 2018. Modeling the consumer journey for membership services[J]. Journal of services marketing, 32(2): 113-125.

GILLANI A, KUTAULA S, BUDHWAR P S, 2021. Psychological contract breach: unraveling the dark side of business-to-business relationships[J]. Journal of business research, 134: 631-641.

GINEIKIENE J, SCHLEGELMILCH B B, AURUSKEVICIENE V, 2017. "Ours" or "theirs"?

Psychological ownership and domestic products preferences[J]. Journal of business research, 72: 93-103.

GLIGOR D M, MALONI M J, 2022. More is not always better: the impact of value co-creation fit on B2B and B2C customer satisfaction[J]. Journal of business logistics, 43(2): 209-237.

GONG T, WANG C Y, 2021. The effects of a psychological brand contract breach on customers' dysfunctional behavior toward a brand[J]. Journal of service theory and practice, 31(4): 607-637.

GORSUCH R L, 1983. Three methods for analyzing limited time-series (N of 1) data[J]. Behavioral assessment, 5(2): 141-154.

GRÉGOIRE Y, FISHER R J, 2008. Customer betrayal and retaliation: when your best customers become your worst enemies[J]. Journal of the academy of marketing science, 36(2): 247-261.

GREWAL D, ROGGEVEEN A L, NORDFÄLT J, 2017. The future of retailing[J]. Journal of retailing, 93(1): 1-6.

GREWAL D, ROGGEVEEN A L, 2020. Understanding retail experiences and customer journey management[J]. Journal of retailing, 96(1): 3-8.

GRIMMELIKHUIJSEN S, PORUMBESCU G, HONG B, et al., 2013. The effect of transparency on trust in government: a cross-national comparative experiment[J]. Public administration review, 73(4): 575-586.

GRISÉ M, GALLUPE R B, 1999. Information overload: addressing the productivity paradox in face-to-face electronic meetings[J]. Journal of management information systems, 16(3): 157-185.

GRÖNROOS C, 2008. Service-dominant logic revisited: who creates value and who co-creates?[J]. European business review, 20(4): 298-314.

GUAN X, GONG J, XIE L, et al., 2020. Scale development of value co-destruction behavior in tourism[J]. Tourism management perspectives, 36: 100757.

GULATI R, HIGGINS M C, 2003. Which ties matter when? The contingent effects of interorganizational partnerships on IPO success[J]. Strategic management journal, 24(2): 127-144.

GUNDLACH G T, ACHROL R S, MENTZER J T, 1995. The structure of commitment in exchange[J]. Journal of marketing, 59(1): 78-92.

GUO L, GRUEN T W, TANG C, 2017. Seeing relationships through the lens of psychological contracts: the structure of consumer service relationships[J]. Journal of the academy of marketing science, 45(3): 357-376.

GUO W, STRAUB D, ZHANG P, et al., 2021. How trust leads to commitment on microsourcing platforms: unraveling the effects of governance and third-party mechanisms on triadic microsourcing relationships[J]. MIS quarterly, 45(3): 1309-1348.

GUPTA A K, GOVINDARAJAN V, MALHOTRA A, 1999. Feedback-seeking behavior within multinational corporations[J]. Strategic management journal, 20(3): 205-222.

HAIR JR J F, HULT G T M, RINGLE C M, et al., 2016. A primer on partial least squares structural equation modeling (PLS-SEM)[M]. Newbury Park, CA: Sage Publications.

HALVORSRUD R, KVALE K, FØLSTAD A, 2016. Improving service quality through customer journey analysis[J]. Journal of service theory and practice, 26(6): 840-867.

HAMILTON R, FERRARO R, HAWS K L, et al., 2021. Traveling with companions: the social customer journey[J]. Journal of marketing, 85(1): 68-92.

HARMAN D, 1967. A single factor test of common method variance[J]. Journal of psychology, 35: 359-378.

HEDVALL K, JAGSTEDT S, DUBOIS A, 2019. Solutions in business networks: implications of an interorganizational perspective[J]. Journal of business research, 104: 411-421.

HEIDE J B, JOHN G, 1992. Do norms matter in marketing relationships?[J]. Journal of marketing, 56(2): 32-44.

HEIDE J B, 1994. Interorganizational governance in marketing channels[J]. Journal of marketing, 58(1): 71-85.

HEINONEN K, STRANDVIK T, MICKELSSON K, 2010. A customer-dominant logic of service[J]. Journal of service management, 21(4): 531-548.

HENSELER J, RINGLE C M, SARSTEDT M, 2015. A new criterion for assessing discriminant validity in variance-based structural equation modeling[J]. Journal of the academy of marketing science, 43(1): 115-135.

HERHAUSEN D, KLEINLERCHER K, VERHOEF P C, et al., 2019. Loyalty formation for different customer journey segments[J]. Journal of retailing, 95(3): 9-29.

HILDEBRAND C, HÄUBL G, HERRMANN A, 2014. Product customization via starting solutions[J]. Journal of marketing research, 51(6): 707-725.

HO J, TANG R, 2001. Towards an optimal resolution to information overload: an infomediary approach[C]//International Association for Computing Machinery (ACM) Special Interest Group (SIGGROUP) Conference on Supporting Group Work.

HO S Y, BODOFF D, TAM K Y, 2011. Timing of adaptive web personalization and its effects on online consumer behavior[J]. Information systems research, 22(3): 660-679.

HO S Y, CHAU P Y K, 2013. The effects of location personalization on integrity trust and integrity distrust in mobile merchants[J]. International journal of electronic commerce, 17(4): 39-72.

HO S Y, 2012. The effects of location personalization on individuals' intention to use mobile services[J]. Decision support systems, 53(4): 802-812.

HOLLEBEEK L D, CLARK M K, ANDREASSEN T W, et al., 2020. Virtual reality through the customer journey: framework and propositions[J]. Journal of retailing and consumer services, 55: 102056.

HOMANS G C, 1958. Social behavior as exchange[J]. American journal of sociology, 63(6): 597-606.

HOMBURG C, KLARMANN M, STARITZ S, 2012. Customer uncertainty following downsizing: the effects of extent of downsizing and open communication[J]. Journal of marketing, 76(3): 112-129.

HOYER W D, CHANDY R, DOROTIC M, et al., 2010. Consumer cocreation in new product development[J]. Journal of service research, 13(3): 283-296.

HSIEH A, YEN C, 2005. The effect of customer participation on service providers' job stress[J]. The service industries journal, 25(7): 891-905.

HSIEH T S, NOYES D, LIU H, et al., 2015. Quantifying the impact of data loss incidents on publicly-traded organizations[C]//IEEE International Symposium on Technologies for Homeland Security (HST): 2-15.

HSU P F, NGUYEN T K, HUANG J Y, 2021. Value co-creation and co-destruction in self-service technology: a customer's perspective[J]. Electronic commerce research and applications, 46: 101029.

HU L, OLIVIERI M, 2021. Social media management in the traveller's customer journey: an analysis of the hospitality sector[J]. Current issues in tourism, 24(12): 1768-1779.

JAAKKOLA E, HAKANEN T, 2013. Value co-creation in solution networks[J]. Industrial

marketing management, 42(1): 47-58.

JAIN G, PAUL J, SHRIVASTAVA A, 2021. Hyper-personalization, co-creation, digital clienteling and transformation[J]. Journal of business research, 124: 12-23.

JAMI A, KOUCHAKI M, GINO F, 2021. I own, so I help out: how psychological ownership increases prosocial behavior[J]. Journal of consumer research, 47(5): 698-715.

JANAKIRAMAN R, LIM J H, RISHIKA R, 2018. The effect of data breach announcement on customer behavior: evidence from a multichannel retailer[J]. Journal of marketing, 82(2): 85-105.

JANNEY J J, FOLTA T B, 2006. Moderating effects of investor experience on the signaling value of private equity placements[J]. Journal of business venturing, 21(1): 27-44.

JANSEN J, VAN SCHAIK P, 2018. Testing a model of precautionary online behaviour: the case of online banking[J]. Computers in human behavior, 87: 371-383.

JÄRVI H, KERÄNEN J, RITALA P, et al., 2020. Value co-destruction in hotel services: exploring the misalignment of cognitive scripts among customers and providers[J]. Tourism management, 77: 104030.

JAWORSKI B, KOHLI A K, 2006. Co-creating the voice of the customer[M]//LUSCH R F, VARGO S L. The service-dominant logic of marketing: dialog, debate and directions. New York: Sharpe: 109-117.

JIMÉNEZ L L, ALBALATE D, 2018. Transparency and local government corruption: what does lack of transparency hide?[J]. European journal of government and economics, 7(2): 106-122.

JOHN L K, ACQUISTI A, LOEWENSTEIN G, 2011. Strangers on a plane: context-dependent willingness to divulge sensitive information[J]. Journal of consumer research, 37(5): 858-873.

JONES C, HESTERLY W S, BORGATTI S P, 1997. A general theory of network governance: exchange conditions and social mechanisms[J]. Academy of management review, 22(4): 911-945.

JUSSILA I, TARKIAINEN A, SARSTEDT M, et al., 2015. Individual psychological ownership: concepts, evidence, and implications for research in marketing[J]. Journal of marketing theory and practice, 23(2): 121-139.

KAHN B E, INMAN J J, VERHOEF P C, 2018. Introduction to special issue: consumer response to the evolving retailing landscape[J]. Journal of the association for consumer research, 3(3): 255-259.

KALIA P, PAUL J, 2021. E-service quality and e-retailers: attribute-based multi-dimensional scaling[J]. Computers in human behavior, 115: 106608.

KAMLEITNER B, FEUCHTL S, 2015. "As if it were mine": imagery works by inducing psychological ownership[J]. Journal of marketing theory and practice, 23(2): 208-223.

KANG J W, NAMKUNG Y, 2019. The role of personalization on continuance intention in food service mobile apps: a privacy calculus perspective[J]. International journal of contemporary hospitality management, 31(2): 734-752.

KAISER U, SCHREIER M, JANISZEWSKI C, 2017. The self-expressive customization of a product can improve performance[J]. Journal of marketing research, 54(5): 816-831.

KARWATZKI S, DYTYNKO O, TRENZ M, et al., 2017. Beyond the personalization-privacy paradox: privacy valuation, transparency features, and service personalization[J]. Journal of management information systems, 34(2): 369-400.

Kaspersky. One-in-50 online transactions in the banking and e-commerce sectors were fraudulent in 2019[EB/OL]. (2020-05-22)[2021-11-08]. https://www.kaspersky.com/about/press-releases/2020_one-in-50-online-transactions-in-the-banking-and-e-commerce-sectors-were-fraudulent-in-2019.

KELLER K L, LEHMANN D R, 2006. Brands and branding: research findings and future priorities[J]. Marketing science, 25(6): 740-759.

KIM H Y, SONG J H, LEE J H, 2019. When are personalized promotions effective? The role of consumer control[J]. International journal of advertising, 38(4): 628-647.

KIM T, BARASZ K, JOHN L K, 2019. Why am I seeing this ad? The effect of ad transparency on ad effectiveness[J]. Journal of consumer research, 45(5): 906-932.

KIM Y, SLOTEGRAAF R J, 2016. Brand-embedded interaction: a dynamic and personalized interaction for co-creation[J]. Marketing letters, 27(1): 183-193.

KINGSHOTT R P J, 2006. The impact of psychological contracts upon trust and commitment within supplier-buyer relationships: a social exchange view[J]. Industrial marketing management, 35(6): 724-739.

KINGSHOTT R P J, GAUR S S, SHARMA P, et al., 2021. Made for each other? Psychological contracts and service brands evaluations[J]. Journal of services marketing, 35(3): 271-286.

KINGSHOTT R P J, SHARMA P, SIMA H, et al., 2020. The impact of psychological contract breaches within east-west buyer-supplier relationships[J]. Industrial marketing management, 89(3): 220-231.

KIRK C P, 2019. Dogs have masters, cats have staff: consumers' psychological ownership and their economic valuation of pets[J]. Journal of business research, 99: 306-318.

KIRK C P, PECK J, SWAIN S D, et al., 2018. Property lines in the mind: consumers' psychological ownership and their territorial responses[J]. Journal of consumer research, 45(1): 148-168.

KIRK C P, SWAIN S D, GASKIN J E, 2015. I'm proud of it: consumer technology appropriation and psychological ownership[J]. Journal of marketing theory and practice, 23(2): 166-184.

KIRMANI A, RAO A R, 2000. No pain, no gain: a critical review of the literature on signaling unobservable product quality[J]. Journal of marketing, 64(2): 66-79.

KIROVA V, 2021. Value co-creation and value co-destruction through interactive technology in tourism: the case of 'La Cité du Vin' wine museum, Bordeaux, France[J]. Current issues in tourism, 24(5): 637-650.

KOLSTAD I, WIIG A, 2009. Is transparency the key to reducing corruption in resource-rich countries?[J]. World development, 37(3): 521-532.

KOMIAK S Y X, BENBASAT I, 2006. The effects of personalization and familiarity on trust and adoption of recommendation agents[J]. MIS quarterly, 30(4): 941-960.

KOTTER J P, 1973. The psychological contract: managing the joining-up process[J]. California management review, 15(3): 91-99.

KOU Y, POWPAKA S, 2017. Why friends pay more: an alternative explanation based on self-expansion motives[J]. Social behavior and personality, 45(9): 1537-1552.

KRAFFT M, ARDEN C M, VERHOEF P C, 2017. Permission marketing and privacy concerns—why do customers (not) grant permissions?[J]. Journal of interactive marketing, 39: 39-54.

KRANZBÜHLER A M, KLEIJNEN M H P, VERLEGH P W, 2019. Outsourcing the pain, keeping the pleasure: effects of outsourced touchpoints in the customer journey[J]. Journal of the academy of marketing science, 47(2): 308-327.

KUEHNL C, JOZIC D, HOMBURG C, 2019. Effective customer journey design: consumers' conception, measurement, and consequences[J]. Journal of the academy of marketing science, 47(3): 551-568.

KUMAR R, SACHAN A, MUKHERJEE A, 2017. Qualitative approach to determine user experience of e-government services[J]. Computers in human behavior, 71: 299-306.

KUMAR J, 2019. How psychological ownership stimulates participation in online brand communities? The moderating role of member type[J]. Journal of business research, 105: 243-257.

KUMAR V, RAJAN B, VENKATESAN R, et al., 2019. Understanding the role of artificial intelligence in personalized engagement marketing[J]. California management review, 61(4): 135-155.

KUMAR V, ZHANG X, LUO A, 2014. Modeling customer opt-in and opt-out in a permission-based marketing context[J]. Journal of marketing research, 51(4): 403-419.

KWON K, KIM C, 2012. How to design personalization in a context of customer retention: who personalizes what and to what extent?[J]. Electronic commerce research and applications, 11(2): 101-116.

LAMPEL J, SHAMSIE J, 2000. Critical push: strategies for creating momentum in the motion picture industry[J]. Journal of management, 26: 233-257.

LANIER C, HAMPTON R, 2008. Consumer participation and experiential marketing: understanding the relationship between co-creation and the fantasy life cycle[J]. Advances in consumer research, 35(1): 44-48.

LARIVIÈRE B, BOWEN D, ANDREASSEN T W, et al., 2017. "Service encounter 2.0": an investigation into the roles of technology, employees and customers[J]. Journal of business research, 79: 238-246.

LAUD G, BOVE L, RANAWEERA C, et al., 2019. Value co-destruction: a typology of resource misintegration manifestations[J]. Journal of services marketing, 33(7): 866-889.

LE C X, WANG H, 2020. Integrative perceived values influencing consumers' attitude and behavioral responses toward mobile location-based advertising: an empirical study in Vietnam[J]. Asia pacific journal of marketing and logistics, 33(1): 275-295.

LEARY M R, TANGNEY J P, 2012. Handbook of self and identity[M]. 2nd ed. New York: Guilford Publications.

LEE Y, CHEN A N K, 2011. Usability design and psychological ownership of a virtual world[J]. Journal of management information systems, 28(3): 269-308.

LEE C H, CRANAGE D A, 2011. Personalisation-privacy paradox: the effects of personalisation and privacy assurance on customer responses to travel web sites[J]. Tourism management, 32(5): 987-994.

LEFEBVRE I, PLÉ L, 2011. Emergence of value co-destruction in B2B context[M]// GUMMESSON E, MELE C, POLESE F. Service dominant logic, network & systems theory and service science: integrating three perspectives for a new service agenda. Napoli: Giannini.

LEMON K N, VERHOEF P C, 2016. Understanding customer experience throughout the customer journey[J]. Journal of marketing, 80(6): 69-96.

LESTER R H, CERTO S T, DALTON C M, et al., 2006. Initial public offering investor valuations: an examination of top management team prestige and environmental uncertainty[J]. Journal of small business management, 44(1): 1-26.

LEVINSON H, PRICE C R, MUNDEN K J, et al., 1962. Men, management, and mental health[M]. Cambridge: Harvard University Press.

LI X, LI K J, WANG X, 2019. Transparency of behavior-based pricing[J]. Journal of marketing research, 57(1): 78-99.

LI Z, ZHANG H, YU M, et al., 2019. Too long to be true in the description? Evidence from a Peer-to-Peer platform in China[J]. Research in international business and finance, 50: 246-251.

LIANG T P, YANG Y F, CHEN D N, et al., 2008. A semantic-expansion approach to personalized knowledge recommendation[J]. Decision support systems, 45(3): 401-412.

LIANG T P, LAI H, KU Y C, 2006. Personalized content recommendation and user satisfaction: theoretical synthesis and empirical findings[J]. Journal of management information systems, 23(3): 45-70.

LISJAK M, BONEZZI A, RUCKER D D, 2021. How marketing perks influence word-of-mouth[J]. Journal of marketing, 85(5): 128-144.

LIU Y, LUO Y, LIU T, 2009. Governing buyer-supplier relationships through transactional and relational mechanisms: evidence from China[J]. Journal of operations management, 27(4): 294-309.

LIU H, YANG J, CHEN X, 2020. Making the customer-brand relationship sustainable: the different effects of psychological contract breach types on customer citizenship behaviours[J]. Sustainability, 12(2): 1-15.

LU L, GREGORY G D, NGO L V, et al., 2021. Managing customer uncertainty in making service offshoring decisions[J]. Journal of service research, 24(4): 500-519.

LUSCH R F, VARGO S L, TANNIRU M, 2010. Service, value networks and learning[J]. Journal of the academy of marketing science, 38(1): 19-31.

LV X, ZHANG R, LI Q, 2021. Value co-destruction: the influence of failed interactions on members' behaviors in online travel communities[J]. Computers in human behavior, 122: 106829.

MA S, HUA Y, LI D, et al., 2022. Proposing customers economic value or relational value? A study of two stages of the crowdfunding project[J]. Decision sciences, 53(4): 712-749.

MACAULAY S, 1963. Non-contractual relations in business: a preliminary study[J]. American sociological review, 28: 55-67.

MACLNNIS D J, MOORMAN C, JAWORSKI B J, 1991. Enhancing and measuring consumers' motivation, opportunity, and ability to process brand information from ads[J]. Journal of marketing, 55(4): 32-53.

MACNEIL I R, 1978. Contracts: adjustments of long-term economic relations under classical, neo-classical, and relational contracting law[J]. Northwestern university law review, 72(6): 854-905.

MACNEIL I R, 1980. The new social contract: an inquiry into modern contractual relations[M]. New Haven, CT: Yale University Press.

MACDONALD E K, KLEINALTENKAMP M, WILSON H N, 2016. How business customers judge solutions: solution quality and value in use[J]. Journal of marketing, 80(3): 96-120.

MAECHLER N, NEHER K, PARK R, 2016. From touchpoints to journeys: the competitive edge in seeing the world through the customer's eyes[J]. McKinsey insights, 1: 14-23.

MAES P, GUTTMAN R H, MOUKAS A G, 1999. Agents that buy and sell[J]. Communications of the ACM, 42(3): 81-91.

MAKKONEN H, OLKKONEN R, 2017. Interactive value formation in interorganizational relationships: dynamic interchange between value co-creation, no-creation, and co-destruction[J]. Marketing theory, 17(4): 517-535.

MALHOTRA A, MALHOTRA C K, 2011. Evaluating customer information breaches as service failures: an event study approach[J]. Journal of service research, 14(1): 44-59.

MALHOTRA N, SAHADEV S, PURANI K, 2017. Psychological contract violation and customer intention to reuse online retailers: exploring mediating and moderating

mechanisms[J]. Journal of business research, 75: 17-28.

MARCUS G, DAVIS E, 2014. Eight (No, Nine!) problems with big data[N]. New york times, 2014-04-10.

MARTIN K D, BORAH A, PALMATIER R W, 2017. Data privacy: effects on customer and firm performance[J]. Journal of marketing, 81(1): 36-58.

MATHWICK C, MOSTELLER J, 2017. Online reviewer engagement: a typology based on reviewer motivations[J]. Journal of service research, 20(2): 204-218.

MCCRACKEN G, 1986. Culture and consumption: a theoretical account of the structure and movement of the cultural meaning of consumer goods[J]. Journal of consumer research, 13(1): 71-84.

MERLE A, CHANDON J L, ROUX E, et al., 2010. Perceived value of the mass-customized product and mass customization experience for individual consumers[J]. Production and operations management, 19(5): 503-514.

MILNE G R, ROHM A J, BAHL S, 2004. Consumers' protection of online privacy and identity[J]. Journal of consumer affairs, 38(2): 217-232.

MILLS C, 2010. Experiencing gossip: the foundations for a theory of embedded organizational gossip[J] Group & organization management, 35(2): 213-240.

MOON J, 2006. The role of psychological ownership and social identity in e-business: strategies for building e-loyalty towards blog services[D]. Buffalo, NY: State University of New York at Buffalo.

MOON J, CHADEE D, TIKOO S, 2008. Culture, product type, and price influences on consumer purchase intention to buy personalized products online[J]. Journal of business research, 61(1): 31-39.

MOREWEDGE C K, MONGA A, PALMATIER R W, et al., 2021. Evolution of consumption: a psychological ownership framework[J]. Journal of marketing, 85(1): 196-218.

MOREWEDGE C K, SHU L L, GILBERT D T, et al., 2009. Bad riddance or good rubbish? Ownership and not loss aversion causes the endowment effect[J]. Journal of experimental social psychology, 45(4): 947-951.

MOROSAN C, DEFRANCO A, 2016. Modeling guests' intentions to use mobile apps in hotels: the roles of personalization, privacy, and involvement[J]. International journal of contemporary hospitality management, 28(9): 1968-1991.

MOROSAN C, 2019. Disclosing facial images to create a consumer's profile: a privacy calculus perspective of hotel facial recognition systems[J]. International journal of contemporary hospitality management, 31(8): 3149-3172.

MOROSAN C, 2014. Toward an integrated model of adoption of mobile phones for purchasing ancillary services in air travel[J]. International journal of contemporary hospitality management, 26(2): 246-271.

MULLER D, JUDD C M, YZERBYT V Y, 2005. When moderation is mediated and mediation is moderated[J]. Journal of personality and social psychology, 89(6): 852-863.

MURRAY K B, SCHLACTER J L, 1990. The impact of services versus goods on consumers' assessment of perceived risk and variability[J]. Journal of the academy of marketing science, 18(1): 51-65.

MUSTAK M, PLÉ L, 2020. A critical analysis of service ecosystems research: rethinking its premises to move forward[J]. Journal of services marketing, 34(3): 399-413.

NAIR H S, MISRA S, HORNBUCKLE IV W J, et al., 2017. Big data and marketing analytics in gaming: combining empirical models and field experimentation[J]. Marketing science, 36(5): 699-725.

NDOFOR H A, LEVITAS E, 2004. Signaling the strategic value of knowledge[J]. Journal of management, 30(5): 685-702.

NI J, SRINIVASAN K, 2015. Matching in the sourcing market: a structural analysis of the upstream channel[J]. Marketing science, 34(5): 722-738.

NOORDEWIER T G, JOHN G, NEVIN J R, 1990. Performance outcomes of purchasing arrangements in industrial buyer-vendor relationships[J]. Journal of marketing, 54(4): 80-93.

NOORDHOFF C S, KYRIAKOPOULOS K, MOORMAN C, et al., 2011. The bright side and dark side of embedded ties in business-to-business innovation[J]. Journal of marketing, 75(5): 34-52.

NUTTIN JR J M, 1987. Affective consequences of mere ownership: the name letter effect in twelve European languages[J]. European journal of social psychology, 17(4): 381-402.

OGHAZI P, SCHULTHEISS R, CHIRUMALLA K, et al., 2020. User self-disclosure on social network sites: a cross-cultural study on Facebook's privacy concepts[J]. Journal of business research, 112: 531-540.

OLIVER R L, 1993. Cognitive, affective, and attribute bases of the satisfaction response[J].

Journal of consumer research, 20(3): 418-430.

PALMATIER R W, 2008. Interfirm relational drivers of customer value[J]. Journal of marketing, 72(4): 76-89.

PANTANO E, PRIPORAS C V, DENNIS C, 2018. A new approach to retailing for successful competition in the new smart scenario[J]. International journal of retail & distribution management, 46(3): 264-282.

PATHAK B, ASHOK M, TAN Y L, 2020. Value co-destruction: exploring the role of actors' opportunism in the B2B context[J]. International journal of information management, 52: 102093.

PATRÍCIO L, FISK R P, ECUNHA J F, et al., 2011. Multilevel service design: from customer value constellation to service experience blueprinting[J]. Journal of service research, 14(2): 180-200.

PAULIN M, PERRIEN J, FERGUSON R, 1997. Relational contract norms and the effectiveness of commercial banking relationships[J]. International journal of service industry management, 8(5): 435-452.

PAYNE A, FROW P, 2005. A strategic framework for customer relationship management[J]. Journal of marketing, 69(4): 167-176.

PECK J, KIRK C P, LUANGRATH A W, et al., 2021. Caring for the commons: using psychological ownership to enhance stewardship behavior for public goods[J]. Journal of marketing, 85(2): 33-49.

PEPPERS D, ROGERS M, DORF B, 1999. The one to one fieldbook: the complete toolkit for implementing a 1 to 1 marketing program[M]. New York: Bantam Doubleday Dell Publishing Groups.

PERKINS S J, HENDRY C, 2005. Ordering top pay: interpreting the signals[J]. Journal of management studies, 42(7): 1443-1468.

PETERSON R A, 1994. A meta-analysis of Cronbach's coefficient alpha[J]. Journal of consumer research, 21(2): 381-391.

PFIFFELMANN J, DENS N, SOULEZ S, 2020. Personalized advertisements with integration of names and photographs: an eye-tracking experiment[J]. Journal of business research, 111: 196-207.

PIERCE J L, KOSTOVA T, DIRKS K T, 2001. Toward a theory of psychological ownership in organizations[J]. Academy of management review, 26(2): 298-310.

PIERCE J L, KOSTOVA T, DIRKS K T, 2003. The state of psychological ownership: integrating and extending a century of research[J]. Review of general psychology, 7(1): 84-107.

PLÉ L, CÁCERES C R, 2010. Not always co-creation: introducing interactional co-destruction of value in service-dominant logic[J]. Journal of services marketing, 24(6): 430-437.

PLÉ L, DEMANGEOT C, 2020. Social contagion of online and offline deviant behaviors and its value outcomes: the case of tourism ecosystems[J]. Journal of business research, 117: 886-896.

PLÉ L, 2016. Studying customers' resource integration by service employees in interactional value co-creation[J]. Journal of services marketing, 30(2): 152-164.

POPPO L, ZENGER T, 2002. Do formal contracts and relational governance function as substitutes or complements?[J]. Strategic management journal, 23(8): 707-725.

POPPO L, ZHOU K Z, RYU S, 2008. Alternative origins to interorganizational trust: an interdependence perspective on the shadow of the past and the shadow of the future[J]. Organization science, 19(1): 39-55.

POPPO L, ZHOU K Z, ZENGER T R, 2008. Examining the conditional limits of relational governance: specialized assets, performance ambiguity, and long‐standing ties[J]. Journal of management studies, 45(7): 1195-1216.

PORTEOUS J D, 1976. Home: the territorial core[J]. Geographical review, 66(4): 383-390.

POWERS T L, SHENG S, LI J J, 2016. Provider and relational determinants of customer solution performance[J]. Industrial marketing management, 56: 14-23.

PRAHALAD C K, KRISHNAN M S, 2008. The new age of innovation: driving cocreated value through global network[M]. New York: McGraw-Hill.

PRIOR D D, MARCOS-CUEVAS J, 2016. Value co-destruction in interfirm relationships: the impact of actor engagement styles[J]. Marketing theory, 16(4): 533-552.

PUCCINELLI N M, GOODSTEIN R C, GREWAL D, et al., 2009. Customer experience management in retailing: understanding the buying process[J]. Journal of retailing, 85(1): 15-30.

PUZAKOVA M, ROCERETO J F, KWAK H, 2013. Ads are watching me: a view from the interplay between anthropomorphism and customization[J]. International journal of advertising, 32(4): 513-538.

RAMASWAMI A, DREHER G F, BRETZ R, et al., 2010. Gender, mentoring, and career success: the importance of organizational context[J]. Personnel psychology, 63(2): 385-405.

RAMASWAMY V, OZCAN K, 2018. Offerings as digitalized interactive platforms: a conceptual framework and implications[J]. Journal of marketing, 82(4): 19-31.

RAMÍREZ R, 1999. Value co-production: intellectual origins and implications for practice and research[J]. Strategic management journal, 20(1): 49-65.

RAWSON A, DUNCAN E, JONES C, 2013. The truth about customer experience[J]. Harvard business review, 91(9): 90-98.

REB J, CONNOLLY T, 2007. Possession, feelings of ownership and the endowment effect[J]. Judgment and decision making, 2(2): 107-114.

RICHMAN L S, LEARY M R, 2009. Reactions to discrimination, stigmatization, ostracism, and other forms of interpersonal rejection: a multimotive model[J]. Psychological review, 116(2): 365-383.

RIEGGER A S, KLEIN J F, MERFELD K, et al., 2021. Technology-enabled personalization in retail stores: understanding drivers and barriers[J]. Journal of business research, 123: 140-155.

RIEMER K, TOTZ C, 2003. The many faces of personalization[M]//TSENG M M, PILLER F. The customer centric enterprise. Heidelberg: Springer: 35-50.

ROBERTS M, ZAHAY D, 2012. Internet marketing: integrating online and offline strategies [M]. Boston: Cengage Learning.

ROCHBERG-HALTON E, 1979. Cultural signs and urban adaptation: the meaning of cherished household possessions[D]. Chicago: University of Chicago.

ROEHLING M V, 1997. The origins and early development of the psychological contract construct[J]. Journal of management history, 3(2): 204-217.

RODIE A R, KLEINE S S, 2000. Customer participation in services production and delivery [M]//SWARTZ T A, IACOBUCCI D. Handbook of services marketing and management. Newbury Park, CA: Sage Publications: 111-126.

ROMANOSKY S, TELANG R, ACQUISTI A, 2011. Do data breach disclosure laws reduce identity theft?[J]. Journal of policy analysis and management, 30(2): 256-286.

ROSENBAUM M S, OTALORA M L, RAMÍREZ G C, 2017. How to create a realistic customer journey map[J]. Business horizons, 60(1): 143-150.

ROSS S A, 1977. The determination of financial structure: the incentive signaling structure[J]. The Bell journal of economics, 8(1): 23-40.

ROUSSEAU D M, 1995. Psychological contracts in organizations: understanding written and unwritten agreements[M]. Newbury Park, CA: Sage Publications.

ROUSSEAU D M, 2001. Psychological contract inventory: technical report[R]. Boston: British Library.

RUDKOWSKI J, HENEY C, YU H, et al., 2020. Here today, gone tomorrow? Mapping and modeling the pop-up retail customer journey[J]. Journal of retailing and consumer services, 54: 101698.

RYNES S L, BRETZ JR R D, GERHART B, 1991. The importance of recruitment in job choice: a different way of looking[J]. Personnel psychology, 44(3): 487-521.

SANTANA S, THOMAS M, MORWITZ V G, 2020. The role of numbers in the customer journey[J]. Journal of retailing, 96(1): 138-154.

SANDERS W G, BOIVIE S, 2004. Sorting things out: valuation of new firms in uncertain markets[J]. Strategic management journal, 25(2): 167-186.

SAWHNEY M, 2006. Going beyond the product: defining, designing and delivering customer solutions[M]//LUSCH R F, VARGO S L. The service dominant logic of marketing: dialog, debate, and directions. Armonk: Sharpe: 365-380.

SCHARF S, 2007. Report casts doubt on the impact of data breaches on identity theft[J]. Internal auditor, 64(4): 23.

SCHATZ D, BASHROUSH R, 2016. The impact of repeated data breach events on organisations' market value[J]. Information and computer security, 24(1): 73-92.

SCHEIN E H, 1965. Organizational psychology[M]. Kent, OH: Prentice-Hall.

SCHIAVONE F, MANCINI D, LEONE D, et al., 2021. Digital business models and ridesharing for value co-creation in healthcare: a multi-stakeholder ecosystem analysis[J]. Technological forecasting and social change, 166: 120647.

SCHLOSSER A E, WHITE T B, LLOYD S M, 2006. Converting web site visitors into buyers: how web site investment increases consumer trusting beliefs and online purchase intentions[J]. Journal of marketing, 70(2): 133-148.

SCHULZ T, ZIMMERMANN S, BÖHM M, et al., 2021. Value co-creation and co-destruction in service ecosystems: the case of the Reach Now app[J]. Technological forecasting and social change, 170: 120926.

SCHUMANN J H, VON WANGENHEIM F, GROENE N, 2014. Targeted online advertising: using reciprocity appeals to increase acceptance among users of free web services[J]. Journal of marketing, 78(1): 59-75.

SEN R, BORLE S, 2015. Estimating the contextual risk of data breach: an empirical approach[J]. Journal of management information systems, 32(2): 314-341.

SHAO B, CHENG Z, WAN L, et al., 2021. The impact of cross border E-tailer's return policy on consumer's purchase intention[J]. Journal of retailing and consumer services, 59: 102367.

SHARMA E, TULLY S, CYDER C, 2021. Psychological ownership of (borrowed) money[J]. Journal of marketing research, 58(3): 497-514.

SHEN A, BALL A D, 2009. Is personalization of services always a good thing? Exploring the role of technology-mediated personalization (TMP) in service relationships[J]. Journal of services marketing, 23(2): 79-91.

SHEN H, WU L, YI S, et al., 2020. The effect of online interaction and trust on consumers' value co-creation behavior in the online travel community[J]. Journal of travel & tourism marketing, 37(4): 418-428.

SHIN H, PERDUE R R, PANDELAERE M, 2020. Managing customer reviews for value co-creation: an empowerment theory perspective[J]. Journal of travel research, 59(5): 792-810.

SHIRAZI F, WU Y, HAJLI A, et al., 2021. Value co-creation in online healthcare communities[J]. Technological forecasting and social change, 167: 120665.

SIAHTIRI V, HEIRATI N, O'CASS A, 2020. Unlocking solution provision competence in knowledge-intensive business service firms[J]. Industrial marketing management, 87: 117-127.

SIEBERT A, GOPALDAS A, LINDRIDGE A, et al., 2020. Customer experience journeys: loyalty loops versus involvement spirals[J]. Journal of marketing, 84(4): 45-66.

SINCLAIR G, TINSON J, 2017. Psychological ownership and music streaming consumption [J]. Journal of business research, 71: 1-9.

SINGH S, JANG S, 2022. Search, purchase, and satisfaction in a multiple-channel environment: how have mobile devices changed consumer behaviors?[J]. Journal of retailing and consumer services, 65: 102200.

SLATER J S, 2000. Collecting the real thing: a case study exploration of brand loyalty enhancement among Coca-Cola brand collectors[C]//HOCH S J, MEYER R J. Advances in Consumer Research. Provo, UT: Association for Consumer Research, 27: 202-208.

SMINK A R, VAN REIJMERSDAL E A, VAN NOORT G, et al., 2020. Shopping in augmented reality: the effects of spatial presence, personalization and intrusiveness on app and brand responses[J]. Journal of business research, 118: 474-485.

SMITH A M, 2013. The value co-destruction process: a customer resource perspective[J]. European journal of marketing, 47(11/12): 1889-1909.

SMITH N C, COOPER-MARTIN E, 1997. Ethics and target marketing: the role of product harm and consumer vulnerability[J]. Journal of marketing, 61(3): 1-20.

SOBRERO M, SCHRADER S, 1998. Structuring inter-firm relationships: a meta-analytic approach[J]. Organization studies, 19(4): 585-615.

SOLOMON M R, SURPRENANT C, CZEPIEL J A, et al., 1985. A role theory perspective on dyadic interactions: the service encounter[J]. Journal of marketing, 49(1): 99-111.

SOLOVE D J, 2003. Identity theft, privacy, and the architecture of vulnerability[J]. Hastings law journal, 54(4): 1227-1276.

SPENCE M, 1973. Job market signaling[J]. Quarterly journal of economics, 87(3): 355-374.

SPENCE M, 2002. Signaling in retrospect and the informational structure of markets[J]. American economic review, 92(3): 434-459.

SQUIRE B, BROWN S, READMAN J, et al., 2006. The impact of mass customisation on manufacturing trade-offs[J]. Production and operations management, 15(1): 10-21.

SRIVASTAVA R K, SHERVANI T A, FAHEY L, 1999. Marketing, business processes, and shareholder value: an organizationally embedded view of marketing activities and the discipline of marketing[J]. Journal of marketing, 63(4_suppl1): 168-179.

StHAPIT E, BJÖRK P, 2020. Towards a better understanding of interactive value formation: three value outcomes perspective[J]. Current issues in tourism, 23(6): 693-706.

STHAPIT E, 2019. My bad for wanting to try something unique: sources of value co-destruction in the Airbnb context[J]. Current issues in tourism, 22(20): 2462-2465.

STHAPIT E, BJÖRK P, 2021. Interactive value formation: drivers and outcomes from Airbnb guests' perspectives[J]. Scandinavian journal of hospitality and tourism, 21(2): 129-147.

STORBACKA K, 2011. A solution business model: capabilities and management practices

for integrated solutions[J]. Industrial marketing management, 40(5): 699-711.

SUAREZ F F, CUSUMANO M A, KAHL S J, 2013. Services and the business models of product firms: an empirical analysis of the software industry[J]. Management science, 59(2): 420-435.

SUAZO M M, MARTINEZ P G, SANDOVAL R, 2009. Creating psychological and legal contracts through human resource practices: a signaling theory perspective[J]. Human resource management review, 19(2): 154-166.

JAIN G, PAUL J, SHRIVASTAVA A, 2021. Hyper-personalization, co-creation, digital clienteling and transformation[J]. Journal of business research, 124: 12-23.

SUGATHAN P, RANJAN K R, MULKY A G, 2017. An examination of the emotions that follow a failure of co-creation[J]. Journal of business research, 78: 43-52.

SURPRENANT C F, SOLOMON M R, 1987. Predictability and personalization in the service encounter[J]. Journal of marketing, 51(2): 86-96.

SUTANTO J, PALME E, TAN C H, et al., 2013. Addressing the personalization-privacy paradox: an empirical assessment from a field experiment on smartphone users[J]. MIS quarterly, 37(4): 1141-1164.

TAM K Y, HO S Y, 2005. Web personalization as a persuasion strategy: an elaboration likelihood model perspective[J]. Information systems research, 16(3): 271-291.

TAM K Y, HO S Y, 2006. Understanding the impact of web personalization on user information processing and decision outcomes[J]. MIS quarterly, 30(4): 865-890.

TAN W K, CHANG Y G, 2015. Electronic-word-of-mouth performance in different psychological distances and familiarity[J]. Online information review, 39(4): 449-465.

TAX S S, MCCUTCHEON D, WILKINSON I F, 2013. The service delivery network (SDN): a customer-centric perspective of the customer journey[J]. Journal of service research, 16(4): 454-470.

TEENY J D, SIEV J J, BRIÑOL P, et al., 2021. A review and conceptual framework for understanding personalized matching effects in persuasion[J]. Journal of consumer psychology, 31(2): 382-414.

TEUBNER T, ADAM M T P, HAWLITSCHEK F, 2019. Unlocking online reputation: on the effectiveness of cross-platform signaling in the sharing economy[J]. Business & information systems engineering, 62(6): 501-513.

TONG S, LUO X, XU B, 2020. Personalized mobile marketing strategies[J]. Journal of the academy of marketing science, 48(1): 64-78.

TUCKER C E, 2014. Social networks, personalized advertising, and privacy controls[J]. Journal of marketing research, 51(5): 546-562.

TUEANRAT Y, PAPAGIANNIDIS S, ALAMANOS E, 2021. A conceptual framework of the antecedents of customer journey satisfaction in omnichannel retailing[J]. Journal of retailing and consumer services, 61: 102550.

TULI K R, KOHLI A K, BHARADWAJ S G, 2007. Rethinking customer solutions: from product bundles to relational processes[J]. Journal of marketing, 71(3): 1-17.

TUMASJAN A, BRAUN R, STOLZ B, 2021. Twitter sentiment as a weak signal in venture capital financing[J]. Journal of business venturing, 36(2): 106062.

TURNER M M, MAZUR M A, WENDEL N, et al., 2003. Relational ruin or social glue? The joint effect of relationship type and gossip valence on liking, trust, and expertise[J]. Communication monographs, 70(2): 129-141.

ULAGA W, LOVELAND J M, 2014. Transitioning from product to service-led growth in manufacturing firms: emergent challenges in selecting and managing the industrial sales force[J]. Industrial marketing management, 43(1): 113-125.

ULAGA W, REINARTZ W J, 2011. Hybrid offerings: how manufacturing firms combine goods and services successfully[J]. Journal of marketing, 75(6): 5-23.

UZZI B, 1997. Social structure and competition in interfirm networks: the paradox of embeddedness[J]. Administrative science quarterly, 42(1): 35-67.

UZZI B, 1999. Embeddedness in the making of financial capital: how social relations and networks benefit firms seeking financing[J]. American sociological review, 64(4): 481-505.

VAFEAS M, HUGHES T, HILTON T, 2016. Antecedents to value diminution: a dyadic perspective[J]. Marketing theory, 16(4): 469-491.

VAN DYNE L, PIERCE J L, 2004. Psychological ownership and feelings of possession: three field studies predicting employee attitudes and organizational citizenship behavior[J]. Journal of organizational behavior, 25(4): 439-459.

VARGO S L, LUSCH R F, 2004. The four service marketing myths[J]. Journal of service research, 6(4): 324-335.

VARGO S L, LUSCH R F, 2008. Service-dominant logic: continuing the evolution[J]. Journal of the academy of marketing science, 36(1): 1-10.

VENKATESAN R, KUMAR V, 2004. A customer lifetime value framework for customer selection and resource allocation strategy[J]. Journal of marketing, 68(4): 106-125.

VENKATESH V, THONG J Y L, CHAN F K Y, et al., 2016. Managing citizens' uncertainty in e-government services: the mediating and moderating roles of transparency and trust[J]. Information systems research, 27(1): 87-111.

VERHOEF P C, 2003. Understanding the effect of customer relationship management efforts on customer retention and customer share development[J]. Journal of marketing, 67(4): 30-45.

VESANEN J, RAULAS M, 2006. Building bridges for personalization: a process model for marketing[J]. Journal of interactive marketing, 20(1): 5-20.

VESANEN J, 2007. What is personalization? A conceptual framework[J]. European journal of marketing, 41(5/6): 409-418.

VILLENA V H, CHOI T Y, REVILLA E, 2021. Mitigating mechanisms for the dark side of collaborative buyer-supplier relationships: a mixed-method study[J]. Journal of supply chain management, 57(4): 86-116.

VOORHEES C M, FOMBELLE P W, GREGOIRE Y, et al., 2017. Service encounters, experiences and the customer journey: defining the field and a call to expand our lens[J]. Journal of business research, 79: 269-280.

WAN X, EVERS P T, DRESNER M E, 2012. Too much of a good thing: the impact of product variety on operations and sales performance[J]. Journal of operations management, 30(4): 316-324.

WANG H, GUO X, ZHANG M, et al., 2016. Predicting the incremental benefits of online information search for heterogeneous consumers[J]. Decision sciences, 47(5): 957-988.

WANG C, MEI J, FENG J, 2020. Exploring influencing factors of offline knowledge service transactions on an online-to-offline knowledge-sharing economy platform[J]. Journal of knowledge management, 24(8): 1777-1795.

WANG H C, PALLISTER J G, FOXALL G R, 2006. Innovativeness and involvement as determinants of website loyalty: III. Theoretical and managerial contributions[J]. Technovation, 26(12): 1374-1383.

WANG X, WONG Y D, TEO C C, et al., 2019. A critical review on value co-creation: towards a contingency framework and research agenda[J]. Journal of service theory and practice, 29(2): 165-188.

WANG Y, LI D, 2013. Testing the moderating effects of toolkits and user communities in personalization: the case of social networking service[J]. Decision support systems, 55(1): 31-42.

WANG Y, LI D, 2016. Virtual space co-creation: the perspective of user innovation[J]. Journal of organizational and end user computing, 28(2): 92-106.

WANG Y, ZHANG L, 2021. How customer entitlement influences supplier performance in B2B relationships in emerging economy? A moderated mediation model of institutional environments[J]. Journal of business research, 134: 689-700.

WARNER A G, FAIRBANK J F, STEENSMA H K, 2006. Managing uncertainty in a formal standards-based industry: a real options perspective on acquisition timing[J]. Journal of management, 32(2): 279-298.

WATTAL S, TELANG R, MUKHOPADHYAY T, et al., 2012. What's in a "name"? Impact of use of customer information in e-mail advertisements[J]. Information systems research, 23(3-part-1): 679-697.

WEI Z, ULZIISUKH S, BAO Y, et al., 2021. Outsourcers' control mechanisms, vendors' contract schemas, and project performance in cross-border IT outsourcing: a vendor's perspective[J]. Industrial marketing management, 92: 202-214.

WEISS L, JOHAR G V, 2013. Egocentric categorization and product judgment: seeing your traits in what you own (and their opposite in what you don't)[J]. Journal of consumer research, 40(1): 185-201.

WEITZ B A, JAP S D, 1995. Relationship marketing and distribution channels[J]. Journal of the academy of marketing science, 23(4): 305-320.

WETZEL H A, HAMMERSCHMIDT M, ZABLAH A R, 2014. Gratitude versus entitlement: a dual process model of the profitability implications of customer prioritization[J]. Journal of marketing, 78(2): 1-19.

WHITE T B, ZAHAY D L, THORBJØRNSEN H, et al., 2008. Getting too personal: reactance to highly personalized email solicitations[J]. Marketing letters, 19(1): 39-50.

WIECEK A, WENTZEL D, ERKIN A, 2020. Just print it! The effects of self-printing a product on consumers' product evaluations and perceived ownership[J]. Journal of the academy of marketing science, 48: 795-811.

WILLIAMSON O E, 1985. Assessing contract[J]. Journal of law, economics, & organization, 1(1): 177-208.

WILPERT B, 1991. Property, ownership, and participation: on the growing contradictions between legal and psychological concepts[C]//RUSSELL R, RUS V. International handbook of participation in organizations: for the study of organizational democracy, co-operation, and self-management. Oxford: Oxford University Press: 149-164.

WILLIAMS K D, 2007. Ostracism[J]. Annual review of psychology, 58: 425-452.

WISE R, BAUMGARTNER P, 1999. Go downstream[J]. Harvard business review, 77(5): 133-141.

WORM S, BHARADWAJ S G, ULAGA W, et al., 2017. When and why do customer solutions pay off in business markets?[J]. Journal of the academy of marketing science, 45(4): 490-512.

WUYTS S, GEYSKENS I, 2005. The formation of buyer-supplier relationships: detailed contract drafting and close partner selection[J]. Journal of marketing, 69(4): 103-117.

XU D, HUANG W W, WANG H, et al., 2014. Enhancing e-learning effectiveness using an intelligent agent-supported personalized virtual learning environment: an empirical investigation[J]. Information & management, 51(4): 430-440.

XU H, TEO H H, TAN B C Y, et al., 2009. The role of push-pull technology in privacy calculus: the case of location-based services[J]. Journal of management information systems, 26(3): 135-174.

XUE J, LIANG X, XIE T, et al., 2020. See now, act now: how to interact with customers to enhance social commerce engagement?[J]. Information & management, 57(6): 103324.

YACHIN J M, 2018. The 'customer journey': learning from customers in tourism experience encounters[J]. Tourism management perspectives, 28: 201-210.

YE H, YANG X, WANG X, et al., 2021. Monetization of digital content: drivers of revenue on Q&A platforms[J]. Journal of management information systems, 38(2): 457-483.

YEH S S, FOTIADIS A K, CHIANG T Y, et al., 2020. Exploring the value co-destruction model for on-line deviant behaviors of hotel customers[J]. Tourism management perspectives, 33: 100622.

YI C, JIANG Z, BENBASAT I, 2017. Designing for diagnosticity and serendipity: an investigation of social product-search mechanisms[J]. Information systems research, 28(2): 413-429.

YU J, WEN Y, JIN J, et al., 2019. Towards a service-dominant platform for public value co-creation in a smart city: evidence from two metropolitan cities in China[J].

Technological forecasting and social change, 142: 168-182.

YUKSEL M, DARMODY A, VENKATRAMAN M, 2019. When consumers own their work: psychological ownership and consumer citizenship on crowdsourcing platforms[J]. Journal of consumer behaviour, 18(1): 3-11.

ZAHEER A, MCEVILY B, PERRONE V, 1998. The strategic value of buyer-supplier relationships[J]. International journal of purchasing and materials management, 34(2): 20-26.

ZAHRA S A, FILATOTCHEV I, 2004. Governance of the entrepreneurial threshold firm: a knowledge-based perspective[J]. Journal of management studies, 41(5): 885-897.

ZAINO J. How artificial neural network types can change business[EB/OL]. (2018-09-20) [2021-11-01]. https://biztechmagazine.com/article/2018/09/how-artificial-neural-network-types-can-change-business-perfcon.

ZENG F, YE Q, LI J, et al., 2021. Does self-disclosure matter? A dynamic two-stage perspective for the personalization-privacy paradox[J]. Journal of business research, 124: 667-675.

ZENG F, YE Q, YANG Z, et al., 2022. Which privacy policy works, privacy assurance or personalization declaration? An investigation of privacy policies and privacy concerns[J]. Journal of business ethics, 176(4): 781-798.

ZHANG L, CHEN F W, XIA S M, et al., 2021. Value co-creation and appropriation of platform-based alliances in cooperative advertising[J]. Industrial marketing management, 96: 213-225.

ZHANG X, QIAO S, YANG Y, et al., 2020. Exploring the impact of personalized management responses on tourists' satisfaction: a topic matching perspective[J]. Tourism management, 76: 103953.

ZHANG Y, WIERSEMA M F, 2009. Stock market reaction to CEO certification: the signaling role of CEO background[J]. Strategic management journal, 30(7): 693-710.

ZHAO L, LU Y B, GUPTA S, 2012. Disclosure intention of location-related information in location-based social network services[J]. International journal of electronic commerce, 16(4): 53-90.

ZHAO Q, CHEN C D, WANG J L, 2016. The effects of psychological ownership and TAM on social media loyalty: an integrated model[J]. Telematics and informatics, 33(4): 959-972.

ZHAO X, FU N, TAYLOR S, et al., 2019. The dynamic process of customer psychological contracts in a service context[J]. International journal of market research, 62(6): 707-724.

ZHONG Q, SUN Y, 2020. The more the better? Relational governance in platforms and the role of appropriability mechanisms[J]. Journal of business research, 108: 62-73.

ZHOU K Z, GAO G Y, ZHAO H, 2017. State ownership and firm innovation in China: an integrated view of institutional and efficiency logics[J]. Administrative science quarterly, 62(2): 375-404.

ZHOU K Z, XU D, 2012. How foreign firms curtail local supplier opportunism in China: detailed contracts, centralized control, and relational governance[J]. Journal of international business studies, 43(7): 677-692.

ZIMMER M, SALONEN A, WANGENHEIM F V, 2020. Business solutions as market signals that facilitate product sales[J]. Industrial marketing management, 91: 30-40.

附　　录

附录 A　中国城市政商关系健康指数评价指标体系

表附-1　中国城市政商关系健康指数评价指标体系

关系"亲近"指标（Qjin）			
Ⅰ级	Ⅱ级	Ⅲ级	来源
Qjin-1：政府对企业的关心（10%）	Qjin-1-1：领导人到企业视察次数（5%）	领导人（市长、市委书记）到企业视察次数	党报数据库
	Qjin-1-2：领导人与企业家座谈次数（5%）	领导人（市长、市委书记）与企业家座谈次数	党报数据库
Qjin-2：政府对企业的服务（40%）	Qjin-2-1：基础设施（10%）	道路面积/城市面积	城市建设统计年鉴
		高铁和动车经过班次	12306 网站
	Qjin-2-2：金融服务（10%）	年末存贷款余额/市区GDP	城市统计年鉴
		金融业从业人数/城市人口	城市统计年鉴
		银行网点数量/城市人口	百度地图
	Qjin-2-3：市场中介（10%）	律师事务所数量/城市人口	百度地图
		会计师事务所数量/城市人口	百度地图
	Qjin-2-4：电子政务效率（10%）	政府网站在线服务事项和效率	清华大学研究报告
		移动政府服务效率（微信公众号和官方微博）	清华大学研究报告
Qjin-3：企业的税费负担（10%）	Qjin-3-1：企业的税收负担(10%)	规模以上工业企业主营业务税金及附加/全市工业总产值	城市统计年鉴
		本年应交增值税/全市工业总产值	城市统计年鉴

续表

关系"清白"指标（Qbai）			
Ⅰ级	Ⅱ级	Ⅲ级	来源
Qbai-1：政府廉洁度（10%）	Qbai-1-1：食品安全许可证代办价格（5%）	食品安全许可证代办价格/最低工资	中介
	Qbai-1-2：百度腐败指数（5%）	腐败网页数量/网页总数	百度
Qbai-2：政府透明度（30%）	Qbai-2-1：网络信息公开（15%）	网上信息公开发布情况	中国软件测评中心
	Qbai-2-2：财政透明度（15%）	财政透明度	清华大学研究报告

资料来源：聂辉华，韩冬临，马亮，等，2020. 中国城市政商关系排行榜（2020）[R]. 北京：中国人民大学国家发展与战略研究院.

附录 B 关于在线教育平台个性化解决方案顾客体验调查

这是一份关于在线教育平台解决方案个性化体验的调查问卷。填写本问卷需要 5 分钟左右。现就问卷填写，进行如下说明：

1. 大多数问题没有对与错之分，请在您认为合适的选项打钩。

2. 问卷填写如给您带来麻烦，敬请谅解，但认真回答每一个问题对我们来说非常重要。

3. 本问卷填写无须署名，调查结果仅用于科学研究，我们将对您提供的信息绝对保密。

感谢您的配合与协助！在填写问卷过程中，若遇到任何问题，请及时与我们联系。

您是否完整体验过在线教育平台的一对一课程_____（否 终止回答）

您有过以下哪些在线教育平台个性化解决方案的体验？

□粉笔公考　□中公教育　□其他_____

第一部分　顾客相关因素

	非常不同意	不同意	比较不同意	一般	比较同意	同意	非常同意
在线教育平台提供的解决方案感觉是为您量身定做的：							
• 协助我确定我解决问题的能力和限制条件。	1	2	3	4	5	6	7
• 协助我系统地寻找解决问题的方法。	1	2	3	4	5	6	7
• 共同设计新的解决方案，旨在解决最适合我内部条件和外部条件的具体问题。	1	2	3	4	5	6	7
• 与我一起定义最终解决方案的规格。	1	2	3	4	5	6	7
• 与我合作部署选定的解决方案。	1	2	3	4	5	6	7
• 与我一起提供（例如，实施、安装和交付）解决方案。	1	2	3	4	5	6	7
在体验个性化数字解决方案时，您觉得：							
• 我对这个（解决方案）有很大的个人所有权。	1	2	3	4	5	6	7
• 我觉得这个（解决方案）是属于我的。	1	2	3	4	5	6	7
• 我感觉与这个（解决方案）有一种强烈的亲密感。	1	2	3	4	5	6	7
• 这个（解决方案）包含了我自己的一部分。	1	2	3	4	5	6	7
在体验个性化数字解决方案时，在线教育平台要求提供关于您的个人信息，让您觉得：							
• 不安全的。	1	2	3	4	5	6	7
• 暴露的。	1	2	3	4	5	6	7
• 受到威胁的。	1	2	3	4	5	6	7
• 脆弱的。	1	2	3	4	5	6	7
• 易受影响的。	1	2	3	4	5	6	7

第二部分　平台相关因素

	非常不同意	不同意	比较不同意	一般	比较同意	同意	非常同意
在体验个性化数字解决方案时，您对平台各个接触点的看法是：							
• 平台的这些接触点会考虑到我的具体活动、兴趣或需求。	1	2	3	4	5	6	7
• 这个平台的不同接触点与我的个人情况非常契合。	1	2	3	4	5	6	7

续表

• 我觉得这个平台的不同接触点很适合我体验个性化解决方案。	1	2	3	4	5	6	7
• 这个平台不同接触点之间的联系，让个性化解决方案简单快捷。	1	2	3	4	5	6	7

第三部分　双方关系相关因素

	非常不明确	不明确	比较不明确	一般	比较明确	明确	非常明确
在体验个性化数字解决方案的过程中，请评价以下您与在线教育平台个人信息收集和使用等方面相关的关系情况：							
• 我与平台的分歧在出现时得到解决。	1	2	3	4	5	6	7
• 平台将与顾客合作，防止出现问题。	1	2	3	4	5	6	7
• 平台致力于帮助顾客取得进步。	1	2	3	4	5	6	7
• 平台帮助顾客改善成绩和能力。	1	2	3	4	5	6	7
• 在互惠互信的基础上我与平台合作。	1	2	3	4	5	6	7
• 遇到困难，顾客可以依靠平台。	1	2	3	4	5	6	7
• 平台会努力留住不满意的顾客。	1	2	3	4	5	6	7
• 平台适应顾客的需要。	1	2	3	4	5	6	7
• 平台将协商服务费的调整。	1	2	3	4	5	6	7
• 平台提供及时、准确的信息。	1	2	3	4	5	6	7
• 平台告知顾客个性化解决方案的修改和变化。	1	2	3	4	5	6	7

第四部分　结果相关因素

	非常不同意	不同意	比较不同意	一般	比较同意	同意	非常同意
您认为在线教育平台在以下表现良好：							
• 我对这家平台提供的个性化解决方案很满意。	1	2	3	4	5	6	7
• 这是一个很好的提供个性化解决方案的平台。	1	2	3	4	5	6	7
• 这家平台提供的个性化解决方案符合我的期望。	1	2	3	4	5	6	7
• 总的来说，我对这家平台提供的个性化解决方案很满意。	1	2	3	4	5	6	7

第五部分　填写者的基本信息

1. 您的性别：

☐男　　　　☐女

2. 您的年龄：

☐15～18 岁　☐19～25 岁　☐26～44 岁　☐45～59 岁　☐60 岁及以上

3. 您的受教育程度：

☐高中、中专及以下　☐大专　☐大学本科　☐硕士及以上

4. 您的职业：

☐机关事业单位、国企员工　　☐外企、私营企业员工

☐个体经营者/自由职业者　　☐学生　　　☐退休人员及其他

5. 您（或家庭）的平均月收入（包括所有的经济来源）：

☐5 000 元以下　　　　☐5 001～8 000 元

☐8 001～10 000 元　　☐10 001 元以上

请指出您最近一次体验个性化成功的平台是_____（a 新东方，b 学而思，c 中公教育，d 其他）（如果可能，尽可能提供网站）_____

再次感谢您的支持与合作！